高校の教科書で学ぶ
法学入門
［第2版］

宮川 基
［著］

ミネルヴァ書房

第2版はじめに

　法令用語，法学特有の言い回しや法学独特の思考方法は，初学者にとって馴染みにくいものであるが，高等学校の科目のなかには，法学と関連しているものもあり，そのような科目の検定済教科書は，さまざまな法分野をわかりやすく説明している。そこで，高等学校の検定済教科書をもとにした法学入門書というコンセプトで，2021年に本書の初版を出版した。

　その後，2022年4月から，「高等学校学習指導要領（平成30年告示）」が実施され，新たな科目の検定済教科書が出版されたり，従来から存在している科目についても検定済教科書の記述内容が変更された。さらに，本書の出版後に重要な法改正も行われた。

　そのため，第2版を出版し，内容を改めることにした。第2版では，高等学校の検定済教科書をもとにした法学入門書というコンセプトを発展させ，初版よりも多くの科目の検定済教科書を参照した。

　本書の構成を紹介すると，第1章「法の意義」では，法が必要な理由を説明した上で，法を読む際の決まり事を紹介している。第2章「日本の近現代法のあゆみ」は，ペリー来航から現在までの日本の近現代法の歴史を紹介している。第3章「日本国憲法と基本的人権」では基本的人権について，第4章「日本の政治機構」では国会・内閣・裁判所について説明している。第5章「権利・義務と財産権」および第6章「契約と財産権の保護」では，主に民法で規定されている事項を扱っている。第7章「株式会社と法」では，株式会社について定めている会社法の基礎的な部分を説明している。第8章「消費者と法」では，消費者問題に関わるさまざまな法律を取り上げている。第9章「労働と法」では，労働法を扱っている。第10章「社会保障の役割」は，社会保障に対する関心が高いことから，第2版で追加した。第11章「民事紛争の解決と予防」では

民事手続について概観している。第12章「家族と法」は，家族に関わる法制度について説明している。

　学習の便宜のために，「発展」，「判例紹介」および「用語解説」という項目を設けた。「発展」は，本文に掲載された事項について，その内容をさらに深く理解するための解説である。「判例紹介」では，本文に掲載された事項に関連する判例を紹介している。「用語解説」は，本文で用いた専門用語に関する解説である。

　高等学校の検定済教科書では，国際法について説明されているが，本書では，国内法に限定して説明することから，国際法を扱わなかった。読者諸氏が，本書をきっかけに法学に関心をもち，より専門的な学びの段階へと進むことを期待する。

　第2版の出版に際しても，初版に引き続き，ミネルヴァ書房編集部の水野安奈氏に大変お世話になった。出版事情の厳しい折に，第2版を出版することに，ご尽力頂いた水野氏に深く感謝の意を表したい。

2023年12月

宮川　基

は じ め に

　本書は，高等学校の検定済教科書をもとにした法学入門書である。法学の初
学者が，法令用語，法学特有の言い回し，法学独特の思考方法に接すると，法
学は難しいとの感想を抱くことがある。

　高校の科目である「政治・経済」，「現代社会」，「経済活動と法」は，法学と
関連しており，これらの科目の教科書は，さまざまな法分野をわかりやすく説
明している。そこで，本書は，高校の教科書をもとに，法学について入門的な
説明を試みた。高校の教科書を参考にしていることから，読者諸氏は，すでに
知っている内容もあり，法学を馴染みのあるものと感じることができるであろ
う。近時の法改正に高校の教科書がまだ対応していないところに関しては，専
門書等を参考にして記述した。

　本書の構成を紹介すると，第1章「法の意義」では，法が必要な理由を説明
した上で，法を読む際の決まり事を紹介している。第2章「日本の近現代法の
あゆみ」は，ペリーの来航から現在までの日本の近現代法の歴史を概説してい
る。第3章「日本国憲法と基本的人権」では基本的人権について，第4章「日
本の政治機構」では国会・内閣・裁判所について説明している（第3章および
第4章は，主に憲法の内容である）。第5章「権利・義務と財産権」および第6章
「契約と財産権の保護」では，主に民法という法律で規定されている事項を
扱っている。民法は，国民の私的生活に関わる基本的なルールを定めている重
要な法律であり，近時，重要な法改正が相次いでいる。第7章「株式会社と
法」では，株式会社について定めている会社法の基礎的な部分を説明している。
第8章「消費者と法」では，消費者問題に関わるさまざまな法律を取り上げて
いる。第9章「労働と法」では，労働法を扱っている。第10章「民事紛争の予
防と解決」では民事手続について概観している。第11章「家族と法」は，家族

に関わる法制度について説明している。

　学習の便宜のために,「発展」,「判例紹介」および「用語解説」という項目を設けた。「発展」は,本文に掲載された事項について,その内容をさらに深く理解するための解説である。「判例紹介」では,本文に掲載された事項に関連する判例を紹介している。「用語解説」は,本文で用いた専門用語に関する解説である。

　なお,高校の教科書では,犯罪と刑罰に関する法である刑法は説明されていないことから,本書では,刑法を取り上げなかった。他方で,高校の教科書では,国際法が説明されているが,本書では,国内法に限定して説明することから,国際法を扱わなかった。

　読者諸氏が,本書をきっかけに法学に関心をもち,より専門的な学びの段階へと進むことを期待する。

　本書の出版に際しては,ミネルヴァ書房編集部の水野安奈氏に大変お世話になった。昨今の出版事情の厳しい折に,水野氏から出版の話を頂き,構想を具体的に練り上げるところから原稿の執筆に至るまで,多くのアドバイスを頂き,どうにか出版のたどり着くことができた。

　2021年8月

宮川　基

高校の教科書で学ぶ　法学入門
［第 2 版］

目　　次

第2版はじめに

はじめに

凡　例

*法令・条文の表記について

　　本文中の（　　）内に示す法令・条文は，次の要領で省略する。

法令名

い

遺言保管……法務局における遺言書の保管等に関する法律

一般法人……一般社団法人及び一般財団法人に関する法律

意匠……意匠法

お

恩赦……恩赦法

か

介護保険……介護保険法

会社……会社法

貸金業……貸金業法

家事……家事事件手続法

割賦……割賦販売法

割賦令……割賦販売法施行令

き

旧典……旧皇室典範

教公特……教育公務員特例法

行政執行法人労働……行政執行法人の労働関係に関する法律

行組……国家行政組織法

金商……金融商品取引法

け

刑……刑法

刑事収容……刑事収容施設及び被収容者等の処遇に関する法律
刑訴……刑事訴訟法
景表……不当景品類及び不当表示防止法
検審……検察審査会法
憲……日本国憲法

こ
工……工場法
公益法人……公益社団法人及び公益財団法人の認定等に関する法律
鉱業……鉱業法
後見登記……後見登記等に関する法律
公証……公証人法
公証則……公証人法施行規則
公選……公職選挙法
高年……高年齢者等の雇用の安定等に関する法律
高齢者医療確保……高齢者の医療の確保に関する法律
国賠……国家賠償法
戸籍……戸籍法
国会……国会法
国公……国家公務員法

さ
裁……裁判所法
裁弾……裁判官弾劾法
最賃……最低賃金法
裁判員……裁判員の参加する刑事裁判に関する法律
参規……参議院規則

し
自衛……自衛隊法
質屋……質屋営業法
自治……地方自治法
実用……実用新案法
自賠……自動車損害賠償法

衆規……衆議院規則

種苗……種苗法

商……商法

消費安全……消費者安全法

消費基……消費者基本法

消費契約……消費者契約法

消費者教育推進……消費者教育の推進に関する法律

消費者被害回復……消費者の財産的被害の集団的な回復のための民事の裁判手続の特
　例に関する法律

商標……商標法

条約法……条約法に関するウィーン条約

食品表示……食品表示法

人訴……人事訴訟法

せ

生活保護……生活保護法

政資……政治資金規正法

製造物……製造物責任法

政党助成……政党助成法

た

大気汚染……大気汚染防止法

短時有期……短時間労働者及び有期雇用労働者の雇用管理の改善等に関する法律

ち

地公……地方公務員法

知財基本……知的財産基本法

知財高裁……知的財産高等裁判所設置法

地方公営企業労働関係……地方公営企業等の労働関係に関する法律

仲裁……仲裁法

著作……著作権法

て

電子契約特……電子消費者契約に関する民法の特例に関する法律

と

動産債権譲渡特……動産及び債権の譲渡の対抗要件に関する民法の特例等に関する法律

特定商取引……特定商取引に関する法律

特定商取引令……特定商取引に関する法律施行令

特許……特許法

な

内……内閣法

に

日米総合防衛援助協定……日本国とアメリカ合衆国との間の相互防衛援助協定

日米地位協定……日本国とアメリカ合衆国との間の相互協力及び安全保障条約第 6 条
　　に基づく施設及び区域並びに日本国における合衆国軍隊の地位に関する協定

入管……出入国管理及び難民認定法

任意後見……任意後見契約に関する法律

は

犯罪被害基……犯罪被害者等基本法

半導体回路配置……半導体集積回路の回路配置に関する法律

ひ

非訟……非訟事件手続法

ふ

不正競争……不正競争防止法

不登……不動産登記法

み

民執……民事執行法

民訴……民事訴訟法

民訴規……民事訴訟規則

民訴費……民事訴訟費用等に関する法律

民調……民事調停法

民調規……民事調停規則

め

明憲……大日本帝国憲法

ろ

労基……労働基準法

労基則……労働基準法施行規則

労組……労働組合法

労契……労働契約法

労審……労働審判法

労働施策推進……労働施策の総合的な推進並びに労働者の雇用の安定及び職業生活の
　充実等に関する法律

労調……労働関係調整法

労派遣……労働者派遣事業の適正な運営の確保及び派遣労働者の保護等に関する法律

条　文

条……アラビア数字　第１条……１

　　　　　　　　　　第１条ノ２……１ノ２

　　　　　　　　　　第１条の２……１の２

項……丸つきアラビア数字　第１項……①

号……ローマ数字　第１号……Ⅰ

但し書……但

同一法令の条文番号および項号を並列する場合は，中黒でつなぎ，異なる法令の条文
番号は読点でつなぐ　民法第１条第１項，民法第１条第２項……民１①・②

　　　　　　　　　　　　　民法第709条，刑法第199条……民709，刑199

＊判例の表記について

　　判例は，次の要領で省略する。

最大……最高裁判所大法廷

最……最高裁判所

高……高等裁判所

地……地方裁判所

家……家庭裁判所

大……大審院

判……判決

決……決定

＊判例集の表記について
　　判例集は，次の要領で省略する。
　大審院時代
　　民集……大審院民事判例集
　最高裁判所時代
　　民集……最高裁判所民事判例集
　　刑集……最高裁判所刑事判例集
　　下民集……下級裁判所民事裁判例集
　　裁時……裁判所時報
　　判時……判例時報

＊年号表記について
　　1872（明治5）年までは，太陰太陽暦（旧暦）と西暦の間に1か月前後の違いがあ
　るが，年月はすべて太陰太陽暦を基準にし，西暦には置きかえなかった。改元のあっ
　た年は，その年の初めから新しい年号とした。

本書の目次と主な対応科目の対照表

本章の目次	主な対応科目
第1章　法の意義	法学入門，法学の基礎
第2章　日本の近現代法のあゆみ	日本法制史
第3章　日本国憲法と基本的人権	日本国憲法，憲法
第4章　日本の政治機構	日本国憲法，憲法
第5章　権利・義務と財産権	民法（財産法）
第6章　契約と財産権の保護	民法（債権法，財産法）
第7章　株式会社と法	会社法，商法
第8章　消費者と法	消費者法
第9章　労働と法	労働法
第10章　社会保障の役割	社会保障法
第11章　民事紛争の予防と解決	民事訴訟法，民事手続法
第12章　家族と法	民法（家族法）

第1章	法の意義

① 法の役割

1.1 法と社会規範

　人々は生きていくために，他人と共同して生活を営み，社会を形成している。安全かつ平和な社会生活を送るためには，社会の誰もが守らなければならないルールが必要となる。このルールを社会規範という。これには，法，慣習，道徳，宗教上の戒律などがある。

表1　社会規範の種類

種　類	内　容
法	国家権力によって強制される。
慣　習	人々が長い間くり返しておこなってきたならわしや風習のうち，一般的に守るべきものとして認められたもの。
道　徳	人間の良心に基礎を置き，行為に対する善悪を判断する基準。
宗教上の戒律	特定の宗教を信仰する者の間で守るべきとされているルール。

　法は，他の社会規範とは異なり，それを守ることを国家権力によって強制されるという性質をもっている。

　ところで，法も道徳も社会規範であり，重なり合う点はあるものの，違いもある。たとえば，「人を殺してはならない」という規範は道徳であるとともに，法（刑199）でもある。もし人を殺したならば，刑事裁判に基づき，国家により刑罰（死刑または無期懲役もしくは5年以上の有期懲役）が科される。そのため，「人を殺してはならない」という規範は，国家権力によって守ることが強制されているので，法である。

これに対して，「電車内で妊婦に席を譲る」という規範は道徳ではあるが，席を譲ることが国家によって強制されるわけではないので，法ではない。

道路交通法第7条は，信号機の信号に従う義務を定めており，これに違反した場合には処罰されるので，この規範は法ではある。しかし，信号機に従うという規範は，人の良心に基づくものではなく，交通の安全を図るためのものにすぎないので，道徳ではない。

1.2　法の機能

法は，社会においてさまざまな機能を有している。①法は，人の行為を統制して社会の秩序を維持する機能を有している（社会統制機能）。たとえば，法は，殺人（刑199）や窃盗（刑235）などの犯罪に対して刑罰を科すことによって，犯罪を行わないように心理的に働きかけ，私たちの行為を統制している。②法は，人の活動を促進する機能を有している（活動促進機能）。たとえば，法は，売買契約（民555以下）のためのルールを示すことで，売主と買主の権利・義務を明らかにし，その活動を予測可能なものとし，売買契約を促進している。③法は，紛争を解決する機能を有している（紛争解決機能）。①と②の機能は，紛争を予防する役割を果たしているが，それでも紛争が生じた場合に備えて，法は，紛争を解決する基準や裁判所による紛争解決手続についてのルール（刑事訴訟法，民事訴訟法など）を定めている。さらに，④法は，人々の自由・平等をより実質的に保障するために，一定の社会経済政策に基づいて，資源を配分するための機能も有している（資源配分機能）。たとえば，公共サービスの提供，社会保障，保険や税による財の再配分などがこの機能に基づくものである。

② 　法の分類

2.1　公法，私法，社会法

法のうち，国家や地方公共団体に関することや，これらと私人の関係を規律する法を公法という。私人相互の関係を規律する法を私法という。また経済

的・社会的に弱い立場の人々を保護するための法を社会法（公私総合法）という。

表 2　公法・私法・社会法の一例

	具体例
公　法	日本国憲法，刑法，民事訴訟法，刑事訴訟法，国会法など。
私　法	民法，商法，会社法，借地借家法など。
社会法	労働基準法，労働組合法，最低賃金法，国民年金法など。

2.2　一般法と特別法

　あることがらについて，広く一般的に定めている法を一般法という。これに対して，特定の人や地域，特定のことがらについてだけ定めている法を特別法という。たとえば，一般の人々の経済活動に適用される民法は一般法であり，商人の経済活動に適用される商法は特別法である。同じことがらについて，一般法と特別法の両法が規定している場合，特別法が一般法に優先して適用される。

2.3　強行法規と任意法規

　当事者の意思にかかわらず適用される法を強行法規という。これに対して，当事者の意思が尊重され，当事者が法と異なる内容を定めたときに，適用されない法を任意法規という。たとえば，民法のなかで，夫婦・親子など親族に関する規定（民725～881）は，強行法規である。また，最低賃金に関する規定（最賃4）も，強行法規である。これに対して，契約に関する規定（民521～696）の多くは，任意法規である。

2.4　実体法と手続法

　権利・義務の実体そのものについて定めた法を実体法という。たとえば，民法，商法，刑法などである。これに対して，権利・義務を裁判などによって具体的に実現する手続きを定めた法を手続法という。たとえば，民事訴訟法，刑事訴訟法，行政事件訴訟法などが手続法である。

2.5 国内法と国際法

　国内のことがらについて定めた法を，国内法という。国際社会の秩序を維持
し，国家間の政治的，経済的，社会的な関係を規律する法を，国際法という。
国際法には，永年の国家間の慣行のうち，法として認められるようになった国
際慣習法と，国家間の意思を明文化した条約がある。

表3　国内法と国際法

	国内法	国際法
法の種類	憲法，法律，条例など。	国際慣習法，条約。
法の主体	原則として個人。	原則として国家。
立法機関	議会。	なし。ただし，国家間の合意や国際機関での条約の制定などがある。
司法機関	裁判所が強制的に管轄する。当事者の一方が訴えることで裁判がはじまる。	当事国が合意した場合に限り，国際司法裁判所が管轄する。
行政機関	政府。	なし。ただし，国際機関が一部補完する。
法の執行機関	警察や裁判所など。	なし。ただし，安全保障理事会が一部補完する。

2.6 成文法と不文法

（1）成文法

　法には，条文の形で書きあらわされた成文法と，明確な条文の形に書きあら
わされていない不文法がある。

　成文法には，次のような種類がある。憲法は，国家の基本的な体制について
定めた基本法であり，憲法に違反する法は効力をもたない（憲98①）。法律は，
国会の議決によって成立する「法律」とよばれる法のことである（憲41・59）。
命令は，国の行政機関が制定する法で，内閣が制定する政令（憲73Ⅵ），内閣総
理大臣が制定する内閣府令，各省の大臣が制定する省令などがある。政令や省
令は，法律の委任があれば罰則を設けることもできる（憲73Ⅵ但，行組12③）。
法律に違反する命令は，効力を有しない。最高裁判所規則とは，最高裁判所が
憲法で認められた規則制定権（憲77）に基づいて制定する規則のことである。

　条例とは，各地方公共団体の議会が制定する法のことであり（憲94，自治14），規則とは，各地方公共団体の長が制定する法のことである（自治15）。法律・命令に違反する条例・規則は，効力を有しない。

　条約とは，国家間の文書による協定で，内閣がこれを締結する権限を有するが，事前または事後に国会の承認を得なければならない（憲73Ⅲ）。

（2）不文法

　不文法には，慣習法と判例法がある。慣習法とは，社会生活を維持する社会規範として，長い間，人々に支持された慣習が，法として意識されるようになったものである。法の適用に関する通則法第3条によると，公の秩序または善良の風俗に反しない慣習は，法令の規定により認められたもの，または法令に規定されていない事項に関する限り，法律と同一の効力を有する。

　判例とは，個々の紛争を解決するために，裁判所が下した判断・裁判のことであり，同じ趣旨の判例が積み重なることにより，判例の方向がだいたい定まった場合に，それを判例法という。

③　法の形式的効力

　種類を異にする法形式（憲法，条約，法律，命令，条例など）の間には，優劣関係がある。種類を異にする法形式の間で，内容の矛盾する法規定があった場合，上位の法が下位の法に優先して適用される。

　日本国憲法第98条第1項は，「この憲法は，国の最高法規であつて，その条規に反する法律，命令，詔勅及び国務に関するその他の行為の全部又は一部は，その効力を有しない。」として，憲法の最高法規性を定めている。ところで，日本国憲法第98条第2項は，「日本国が締結した条約及び確立された国際法規は，これを誠実に遵守することを必要とする。」と規定している。そこで，憲法と条約の優劣関係について，国際協調主義（憲前文・98②）を根拠とする条約優位説と，憲法の最高法規性（憲98①）を根拠とする憲法優位説の争いがある。

国内法において，憲法に次ぐ形式的効力を有するのは，法律である。政令その他の命令は，法律よりも下位にある。

　条例に関しては，日本国憲法第94条は，「地方公共団体は……法律の範囲内で条例を制定することができる。」と規定し，地方自治法第14条第1項は，「普通地方公共団体は，法令に違反しない限りにおいて……条例を制定することができる。」と規定している。したがって，条例の形式的効力は，憲法，国の法律・命令に劣る。

図1　法の形式的効力

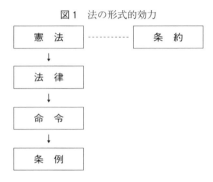

④　法の適用と解釈

　具体的な事例に法をあてはめ，法的な判断を導き出すことを法の適用という。法を具体的な事例に適用するためには，法の意味内容を明らかにすることが必要であり，このことを法の解釈という。法の解釈は，文理解釈と論理解釈に大別される。文理解釈とは，法文の字句や文章そのものの意味を明らかにすることにより，文言通りに解釈することである。

　論理解釈は，法の目的，他の条文との関係，法令全体との関連，沿革などを考え，論理にしたがってなされる解釈である。論理解釈には，拡張解釈，縮小解釈，反対解釈，類推解釈などがある。拡張解釈とは，法文の言葉の意味を広げて解釈する方法である。たとえば，橋に「車馬通行禁止」という立札がある場合，「馬」にはロバやラバも含まれるとして，これらの動物の通行も禁止さ

れると解釈する。縮小解釈は，法文の言葉の意味を狭く解釈することをいう。上記の例について，「車」には自転車は含まれないとして，自転車は橋を通行できるとするのが縮小解釈である。反対解釈とは，法に規定されていない事項について，法の適用を否定する解釈である。上記の例で，牛は規定されていないので，反対解釈すると，牛の通行は許される。類推解釈とは，ある事項について法で規定されてない場合に，類似している事項について規定している法を適用する解釈である。上記の例で，牛は規定されていないが，この立札の趣旨が重量制限にあるとするならば，牛も「馬」同様に重いので，牛の通行も禁止されると解釈するのが類推解釈である。法令自身が，ある規定を類似している別の事項にあてはめることを指示する場合には，「準用する」という表現が使用される。

⑤ 条文の読み方

5.1 法令の構造

　法令は，検索しやすくしたり見やすくしたりするために，一定の構造を有している。

（1）題名

　現在，新たに制定される法令には，題名が付けられている。しかし，古い法令の中には，題名がついてないものがある。たとえば，明治22年法律第34号は，「決闘罪ニ関スル件」と呼ばれている。しかし，明治22年12月30日の官報号外1頁で確認すると，法令の題名は付されておらず，「朕決闘罪ニ関スル件ヲ裁可シ茲ニ之ヲ公布セシム」との公布文があるだけである。そこで，この公布文から明治22年法律第34号は「決闘罪ニ関スル件」呼ばれている。もっとも，この当時に制定された「通貨及証券模造取締法」（明治28年法律第28号）は，制定時に，「通貨及証券模造取締法」という題名が付されていた（官報3526号（明治28年4月5日）49頁参照）。

（2）法令番号

　法令番号とは，暦年ごとに，法令の種類およびその制定者別に付される番号である。民事訴訟法の法令番号は，「平成 8 年法律第109号」である。「平成 8 年」は，民事訴訟法が公布された年を，「法律」は法令の形式を，「第109号」は暦年の通し番号を意味している。

　法令番号が付されることによって，同じ題名の法令があってもその特定が可能になるのである。たとえば，「刑法の一部を改正する法律」という題名の法律には，新しい順に，平成29年法律第72号，平成19年法律第54号，平成15年法律第122号，平成13年法律第138号，平成13年法律第97号，平成 7 年法律第91号，昭和55年法律第30号，昭和43年法律第61号，昭和39年法律第124号，昭和35年法律第83号，昭和33年法律第107号，昭和29年法律第57号，昭和22年法律第124号がある。なお，日本国憲法の法令番号は，「昭和21年憲法」である。

5.2　法令用語

　法令をつくる場合，その内容に誤解が生じないようにするために，日常用語とは異なる法令用語が使用される。そのため，正確に条文を読むためには，法令用語を知っておく必要がある。

（1）「及び」,「並びに」

①「及び」

　「及び」は，単純に，2 つ以上の語句を並べるときに使用する。

　例 1　日本国憲法（昭和21年憲法）

　　　　第42条　国会は，衆議院及び参議院の両議院でこれを構成する。

　例 2　日本国憲法（昭和21年憲法）

　　　　第77条①　最高裁判所は，訴訟に関する手続，弁護士，裁判所の内部規律及び司法事務処理に関する事項について，規則を定める権限を有する。

②「及び」,「並びに」

　3つ以上の語句が並んでおり，それが2段階以上のレベルで構成されている場合に，一番小さなレベルにだけ「及び」を使用し，それより大きいレベルには，すべて「並びに」を使用する。

　例3　地方自治法（昭和22年法律第67号）

　　　　第203条④　議員報酬，費用弁償及び期末手当の額並びにその支給方法は，条例でこれを定めなければならない。

　例3は，「議員報酬，費用弁償及び期末手当の額」のグループと「その支給方法」のグループに区別される。

　例4　刑事訴訟法（昭和23年法律第131号）

　　　　第248条　犯人の性格，年齢及び境遇，犯罪の軽重及び情状並びに犯罪後の情況により訴追を必要としないときは，公訴を提起しないことができる。

　例4は，「犯人の性格，年齢及び境遇」のグループ，「犯罪の軽重及び情状」と「犯罪後の情況」に区別される。

（2）「又は」,「若しくは」

①「又は」

　「又は」は，2つ以上の語句を選択的に並べる場合に使用する。

　例1　民法（明治29年法律第89号）

　　　　（公序良俗）

　　　　第90条　公の秩序又は善良の風俗に反する法律行為は，無効とする。

　例2　刑法（明治40年法律第45号）

　　　　（あへん煙輸入等）

　　　　第136条　あへん煙を輸入し，製造し，販売し，又は販売の目的で所持した者は，6月以上7年以下の懲役に処する。

　例2では，あへん煙を「輸入」する行為，「製造」する行為，「販売」する行為，「販売の目的で所持」する行為は，同じレベルである。

② 「又は」，「若しくは」

　３つ以上の語句を２段階以上のレベルで並べる場合に，一番大きなレベルに「又は」を使用し，それより小さいレベルにはすべて「若しくは」を使用する。

　　例３　刑法（明治40年法律第45号）

　　　（秘密漏示）

　　　　第134条②　宗教，祈祷若しくは祭祀の職にある者又はこれらの職にあった者が，正当な理由がないのに，その業務上取り扱ったことについて知り得た人の秘密を漏らしたときも，前項と同様とする〔６月以下の懲役又は10万円以下の罰金に処する。〕。

　　例３は，まず「宗教，祈祷若しくは祭祀の職にある者」と「これらの職にあった」に区別される。次に，「宗教」の職にある者，「祈祷」の職にある者，と「祭祀の職にある者」に区別される。

（３）「以前」，「以後」，「以上」，「以下」

　「基準時間」または「基準数量」を含む場合に，「以前」，「以後」，「以上」，「以下」を使用する。

　　例　日本国憲法（昭和21年憲法）

　　　　第59条②　衆議院で可決し，参議院でこれと異なつた議決をした法律案は，衆議院で出席議員の３分の２以上の多数で再び可決したときは，法律となる。

　　　　④　参議院が，衆議院の可決した法律案を受け取つた後，国会休会中の期間を除いて60日以内に，議決しないときは，衆議院は，参議院がその法律案を否決したものとみなすことができる。

　日本国憲法第59条第２項の「３分の２以上」は，「３分の２」を含んで，それより多い場合を意味する。したがって，「３分の２」は，日本国憲法第59条第２項に該当する。

　また，日本国憲法第59条第４項の「60日以内」は，「60日」を含んで，それより短い場合を意味する。したがって，「60日」は，日本国憲法第59条第４項

に該当する。

（4）「超える」，「未満」，「前」，「後」

「基準時間」または「基準数量」を含まない場合に，「超える」，「未満」，「前」，「後」を使用する。

　　例1　国会法（昭和22年法律第79号）

　　　　第1条②　常会の召集詔書は，少なくとも10日前にこれを公布しなければならない。

「10日前」は，「10日」を含まず，それより時間的に前を意味する。

　　例2　刑法（明治40年法律第45号）

　　　　（科料）

　　　　第17条　科料は，1,000円以上1万円未満である。

「1万円未満」は，「1万円」を含まず，それより少ない金額を意味する。

（5）「その他の」，「その他」

「その他の」は，前に置かれた語句が，後ろに続く語句の例示となる。「その他」は，その前後の語句を並列の関係で並べる場合に使用する。

　　例1　日本国憲法（昭和21年憲法）

　　　　第27条②　賃金，就業時間，休息その他の勤労条件に関する基準は，法律でこれを定める。

　　例2　刑法（明治40年法律第45号）

　　　　（定義）

　　　　第7条②　この法律において「公務所」とは，官公庁その他公務員が職務を行う所をいう。

　例1における「賃金，就業時間，休息」は勤労条件の例である。例2における「その他」の前に置かれた「官公庁」は例示ではなく，その後ろに続く語句と並列である。

（6）「みなす」，「推定する」

　法令用語でいう「みなす」とは，本来異なるものを法令上一定の法律関係につき同一のものとして扱うことをいう。したがって，みなされた事項については，当事者間での取決めや反証があっても，あるいは事実がどうであっても，法律上そのように扱う。

　これに対して，法令用語でいう「推定する」とは，当事者間に別段の取決めのない場合または反証が挙がらない場合などに，ある事柄について法令が「一応こうである」と判断を下すことをいう。したがって，当事者間に別段の取決めがあったり，反対の事実が判明したりした場合には，この当事者間の取決めや反対の事実にしたがって処理される。

　例1　民法（明治29年法律第89号）

　　（相続に関する胎児の権利能力）

　　第886条①　胎児は，相続については，既に生まれたものと<u>みなす</u>。

　例2　民法（明治29年法律第89号）

　　（嫡出の推定）

　　第772条①　妻が婚姻中に懐胎した子は，当該婚姻における夫の子と<u>推定する</u>。女が婚姻前に懐胎した子であって，婚姻が成立した後に生まれたものも，同様とする。

　例1について，胎児は，まだ生まれていないので，本来は相続できないはずであるが，相続に関して，胎児の利益をまもるため，胎児はすでに生まれたものとみなされ，相続が認められる。

　例2について，婚姻関係にある男女（夫婦）の間に生まれた子を嫡出子というが，父子関係の事実を積極的に証明することが困難な場合があるので，妻が婚姻中に懐胎した子は，夫の子と推定される。また，子の懐胎が先行し，それを契機として婚姻に至る割合が増加しているので，婚姻が成立した後に生まれた場合も，夫の子と推定される。夫，子，母は，摘出否認の訴えを提起することにより，推定を否認することができる（民774①・③）。再婚後の夫の子と推定される子に関し，前夫は摘出否認の訴えを提起することができる（民774④）。

（7）無効・取消し

　公序良俗に反する行為（民90）のように，無効な法律行為は，最初から効力が発生しない。したがって，無効な法律行為は，いつでも，誰からも無効と主張することができる。これに対して，取り消すことのできる法律行為は，取り消されるまでは有効であり，取り消されることによってその行為ははじめにさかのぼって無効とされる（遡及効。民121）また，取消権者の範囲が法律で決まっており（民120），取り消せる期間も制限されている（民126）。

　例1　民法（明治29年法律第89号）

　　　（公序良俗）

　　　第90条　公の秩序又は善良の風俗に反する法律行為は，<u>無効</u>とする。

　例2　民法（明治29年法律第89号）

　　　（詐欺又は強迫）

　　　第96条①　詐欺又は強迫による意思表示は，取り消すことができる。

（8）善意・悪意

　あることを知らないことを善意といい，あることを知っていることを悪意という。

　例1　民法（明治29年法律第89号）

　　　（虚偽表示）

　　　第94条①　相手方と通じてした虚偽の意思表示は，無効とする。

　　　②　前項の規定による意思表示の無効は，<u>善意</u>の第三者に対抗することができない。

　例2　民法（明治29年法律第89号）

　　　（悪意の受益者の返還義務等）

　　　第704条　<u>悪意</u>の受益者は，その受けた利益に利息を付して返還しなければならない。この場合において，なお損害があるときは，その賠償の責任を負う。

　例1について，民法第94条第1項は，相手方と通謀して，真意と違う偽りの

意思表示は無効であるとする。しかし，同条第2項は，意思表示が無効であることを知らないで（善意）で利害関係をもった第三者に対しては，その第三者の信頼を保護するために，虚偽表示であることを理由として，無効を主張することができないとする。

　例2について，法律上の原因がないのに他人の財産または労務によって利益を受け，そのために他人に損失を及ぼした場合，その利益を不当利得という。利得者が，利得に法律上の原因がないことを知っていた（悪意）場合には，受けた利益に利息を付けて返還しなければならず，さらに損害を与えている場合には，その賠償をしなければならない。たとえば，Aは，Bから土地を購入するという契約を締結し，Bに代金を支払った後に，AがBの詐欺に気づき，契約を取り消した場合（民96①），契約は最初から無効となる（民121）。この場合，Bは契約がないのに代金を受領したことになり，さらにこの利得はAの損失に基づいているので，BはAに代金を返還し，かつ詐欺について知っていた（悪意）ので，利息をもAに払わなければならない（民704）。

（9）故意・過失・重大な過失
　故意とは，結果が発生することを知りながらあえてその行為をする心理状態をいう。過失とは，不注意であり，社会生活上要求される注意義務を怠ったことをいう。結果が発生するであろうことを予見できたのに，結果発生を予見せず，結果発生を回避しなかった場合に，過失が認められる。重大な過失（重過失）とは，著しい不注意，注意義務違反の程度がはなはだしい過失のことをいう。

　例1　民法（明治29年法律第89号）
　　（不法行為による損害賠償）
　　　第709条　故意又は過失によって他人の権利又は法律上保護される利益
　　　を侵害した者は，これによって生じた損害を賠償する責任を負う。
　例2　失火ノ責任ニ関スル法律（明治32年法律第40号）
　　　民法第七百九条ノ規定ハ失火ノ場合ニハ之ヲ適用セス但シ失火者ニ重大ナ

ル過失アリタルトキハ此ノ限ニ在ラス

　例1について，故意または過失によって他人の権利・利益を侵害することを不法行為という。たとえば，AがBのスマートフォンを意図的に壊した場合が，故意の不法行為である。Aが自動車の運転操作を誤り，歩行者Bにけがをさせてしまった場合が，過失の不法行為である。

　例2について，民法第709条によると，失火について故意または過失があれば，失火者は不法行為による損害賠償責任を負うはずである。しかし，失火ノ責任ニ関スル法律によると，失火について故意または重大な過失がある場合にのみ，失火者は不法行為による損害賠償責任を負う。これは，日本には，木造家屋が多く，失火による被害が大きくなることから，失火者に過大な責任を負わせないようにするため，失火者に軽過失があるにすぎないときには，不法行為による損害賠償責任を否定するものである。

☑発展：条文の見出し

　最近の法令には，条文に（　）書きで見出しが付けられている。見出しは条文の内容を簡単に知ることができるようにするために付けられている。しかし，古い法令の条文には，見出しはない。たとえば，日本国憲法の条文には，見出しはない。ただし，六法に収録される場合に，出版社や編集者が見出しを付けることもある。

第 2 章	日本の近現代法のあゆみ

1 近代法との出会い

　日本は，ペリーの来航により欧米の近代法と対峙することになり，安政元
(1854) 年 3 月に日米和親条約に調印した。日米和親条約は，下田・箱館の開
港，薪水・食料・石炭の供給，難破船の救助，領事の駐在などともに，アメリ
カに片務的最恵国待遇を与えるものであった。安政 5 (1858) 年 6 月に，日米
修好通商条約に調印した。日米修好通商条約は，領事裁判権（治外法権）や協
定関税制（関税自主権の欠如）の条項を含んでいたことから，日本にとって不平
等な条約であった。同年，オランダ，ロシア，イギリス，フランスともほぼ同
内容の条約を締結した（安政の五か国条約）。さらに，慶応 2 (1866) 年には，ア
メリカ・イギリス・フランス・オランダの 4 か国との間で改税約書を締結した。
輸入関税率が 5・20・35％の従価税（商品の価格を基準とした税金）であったが，
改税約書によって，輸入関税率が 5 ％の従量税（商品の数量を基準とした税金）
に改められた。そのため，安価な外国商品が日本市場に流入し，輸入超過と
なった。

☑用語解説：領事裁判権・協定関税制

　領事裁判権とは，在留国において外国人について，在留国の法制が及ばず，
本国の領事による裁判を受ける権利をいう。協定関税制とは，関税を外国と協
議して決めることをいう。

---

②　近代法の整備

　慶応 3（1867）年12月 9 日に，王政復古の大号令が発せられ，天皇を中心とする新政府樹立が宣言された。慶応 4（1868）年 3 月14日，明治新政府は，五箇条の誓文を公布し，公議世論の尊重や開国和親などの新政府の基本方針を示した。同年閏 4 月に，明治政府は政体書を公布した。政体書は，中央政府である太政官への権力集中，立法（議政官）・行政（行政官・神祇官・会計官・軍務官・外国官）・司法（刑法官）の三権分立，官吏公選制を定めていた。明治 2（1869）年 7 月には，太政官と神祇官を併置し，太政官の下に 6 省を置く 2 官 6 省制となった。明治 4（1871）年 7 月には，太政官に正院・左院・右院の 3 院を設けて，内閣に当たる正院の下に各省が置かれた。明治 8（1875）年 4 月に漸次立憲政体樹立の詔が出され，元老院（立法上の諮問機関）と大審院（最高の司法裁判所）が設置され，地方官会議が開催された。

　不平等条約の改正交渉を進めるうえでも，欧米的な法制度を整備する必要があった。明治15（1882）年，伊藤博文は，ヨーロッパ各国で憲法調査を行い，ベルリン大学教授グナイストやウィーン大学教授シュタインなどから学んだ。明治18（1885）年には太政官制を廃止して，内閣制度を導入し，初代の内閣総理大臣には伊藤博文が就任した。伊藤は，井上毅，伊東巳代治，金子堅太郎らとともに，お雇い外国人のドイツ人法学者ロエスレルの助言を得て，憲法草案を作成した。憲法草案は，枢密院での審議を経て，明治22（1889）年 2 月11日，欽定憲法として発布された（大日本帝国憲法）。

　大日本帝国憲法下では，国民の権利・自由は天皇から与えられる「臣民の権利」として，法律の認める範囲内で保障されていたにすぎなかった（法律の留保）。立法権・行政権・司法権の三権分立は採用されたが，三権はすべて「統治権の総覧者」としての天皇に最終的に属した（明憲 4）。帝国議会は天皇の協賛機関であり（明憲 5），各国務大臣は天皇を輔弼する機関であり（明憲55①），裁判所は「天皇ノ名ニ於テ」司法権を行使した（明憲57①）。また，天皇には，

陸海軍の統帥権（明憲11），緊急勅令（明憲8），独立命令（明憲9），条約の締結（明憲13），宣戦（明憲13），講和（明憲13），戒厳の宣告（明憲14）などの天皇大権が認められていた。大日本帝国憲法の公布と同時に，皇室典範が制定された。

　また，お雇い外国人のフランス人法学者ボアソナードは，刑法，治罪法（刑事訴訟法）および民法を起草した。刑法および治罪法は，明治13（1880）年に公布され，明治15（1882）年から施行された。しかし，フランス民法典を範にした民法は，明治23（1890）年に公布されたが，日本の国情に合わないと批判され，実施を延期して国情にあったものに修正すべきと主張する者と，予定通り実施すべきとする者との間で民法典論争が起きた。お雇い外国人のドイツ人法学者ロエスレルの起草した商法も明治23（1890）年に公布されたが，その前提となる民法について論争が起き，しかも日本の商慣習に合わないと批判された。そのため，明治25（1892）年，帝国議会は民法および商法の施行の延期を議決した。民法は，穂積陳重，富井政章，梅謙次郎の3名が起草委員となって，ドイツ民法第1次草案，フランス民法その他の近代法典を参照して作られた。これが現行民法であり，明治29（1896）年と明治31（1898）年に公布され，明治31（1898）年から施行された。商法は，その一部が明治26（1893）年，残りの規定は明治31（1898）年から施行された。

　明治27（1894）年，領事裁判権（治外法権）を撤廃し，関税自主権を部分的に回復した日英通商航海条約に調印した。その他の列国とも同様の条約を結び，明治32（1899）年から同時に施行された。

　☑発展：皇室典範

　明治22（1889）年2月11日に制定された皇室典範（旧皇室典範）は，皇位継承（第1章），摂政（第5章）や皇族会議（第11章）などについて定めていた。旧皇室典範は大日本憲法と並ぶ形式的効力をもつ法典であった。旧皇室典範の条項の改正・増補は，帝国議会が関与することを必要とせず（明憲74①），皇族会議および枢密顧問に諮詢して，天皇が自ら行うものとされていた（勅定。旧典62）。旧皇室典範は昭和22（1947）年5月3日廃止された。

　現行の皇室典範は，昭和22（1947）年1月16日に公布され，昭和22（1947）年5月3日に日本国憲法と同時に施行された。日本国憲法第2条は「国会の議決した皇室典範」と定めており，現行の皇室典範の法形式は法律である（昭和22年法律第3号）。現行の皇室典範は，皇位継承（第1章），摂政（第3章）や皇室会議（第5章）などについて定めている。

③　社会運動の発展

　日本でも産業革命の時代を迎えると，賃金労働者が急増し，低賃金と長時間労働を強いられた労働者は，待遇改善を求める労働争議を起こすようになった。明治30（1897）年に労働組合期成会が結成された。これに対して，政府は明治33（1900）年に治安警察法を制定し，集会・結社を制限し，労働運動を取り締まった。明治43（1910）年に，社会主義者による明治天皇暗殺計画が明らかになると，政府は，多くの社会主義者・無政府主義者を検挙し，翌明治44（1911）年に，24名が大逆罪（刑法旧第73条）で死刑判決を受け，12名は減刑されたが，12名の死刑が執行された（大逆事件）。

　明治44（1911）年には，わが国初の本格的な労働保護立法である工場法が制定された（大正5（1916）年施行）。工場法は，12歳未満の就労禁止（工2①），女子と15歳未満の年少者について1日12時間を超える就業禁止（工3①）や深夜業禁止（工4）などを定めていた。大正元（1912）年に労働者の修養団体として友愛会が結成された。友愛会は，第一次世界大戦後の労働争議の増加にともなって，全国的な労働組合へと発展し，大正10（1921）年に日本労働総同盟と改称した。

　米騒動や社会運動の発展を受けて，普通選挙運動が活発化した。大正14（1925）年には，原則として25歳以上のすべての男子に選挙権を認める普通選挙法（正式名称は「衆議院議員選挙法改正法律」）が成立した。同時に，国体の変革や私有財産制の否認を目的とする結社を組織した者などを処罰することを内

容とする治安維持法も制定された。昭和3（1928）年にはじめての男子普通選挙が実施され，無産政党から8名が当選した。

☑発展：治安維持法（大正14年法律第46号）

第1条① 国体ヲ変革シ又ハ私有財産制度ヲ否認スルコトヲ目的トシテ結社ヲ組織シ又ハ情ヲ知リテ之ニ加入シタル者ハ10年以下ノ懲役又ハ禁錮ニ処ス
② 前項ノ未遂罪ハ之ヲ罰ス
第2条 前条第1項ノ目的ヲ以テ其ノ目的タル事項ノ実行ニ関シ協議ヲ為シタル者ハ7年以下ノ懲役又ハ禁錮ニ処ス
第4条 第1条第1項ノ目的ヲ以テ騒擾，暴行其ノ他生命，身体又ハ財産ニ害ヲ加フヘキ犯罪ヲ煽動シタル者ハ10年以下ノ懲役又ハ禁錮ニ処ス

大正3（1914）年に第一次世界大戦がおこったが，大正7（1918）年11月に，ドイツが休戦条約に調印し，第一次世界大戦は終結した。大正8（1919）年，パリで講和会議が開かれ，ヴェルサイユ条約が結ばれた。パリ講和会議では国際連盟の設立が決定され，大正9（1920）年に発足し，イギリス・フランス・イタリア・日本の4か国が常任理事国となった。大正10（1921）年から翌年にかけて，ワシントン会議が開かれ，イギリス，アメリカ合衆国，日本，フランスとの間で太平洋地域の領土保全を相互に約束する四か国条約，イギリス，アメリカ，日本，フランス，イタリア，ベルギー，ポルトガル，オランダ，中国との間で中国の主権尊重，門戸開放，機会均等などを定めた九か国条約，さらに主力艦の保有比率をアメリカ5，イギリス5，日本3，フランス1.67，イタリア1.67とするワシントン海軍軍縮条約が締結された。昭和5（1930）年には，ロンドンで開かれた軍縮会議で，日本の補助艦の保有総トン数を対アメリカ・イギリスの6.97割，大型巡洋艦は対アメリカ・イギリスの6割に制限するロンドン海軍軍縮条約に調印した。これに対して，海軍軍令部・政友会・枢密院・右翼は，海軍軍縮条約の調印は天皇の統帥権（明憲11）を干犯するとして政府

を批判したが，浜口雄幸内閣は海軍主流派や元老の支持をえて，議会でも枢密院でも賛成を取りつけて，条約を批准した。

④　第二次世界大戦

　日本は，遼東半島租借地（関東州）と南満州鉄道の守備を目的として軍隊（関東軍）を配置していた。昭和6（1931）年9月18日，関東軍は奉天（現在の瀋陽）郊外の柳条湖で南満州鉄道の線路を爆破し，これを中国軍の行為と主張して軍事行動を開始し（柳条湖事件），満州のほぼ全域を占領した（満州事変）。昭和7（1932）年3月には，清朝最後の皇帝溥儀を執政として満州国を建国させた。日本は，同年，日満議定書をとりかわし，満州国を承認した。議定書では満洲での日本の既得権益の確認，関東軍の無条件での満洲駐屯が認められていた。しかし，昭和8（1933）年2月，国際連盟総会で，リットン調査団の報告に基づいて，満州国承認の取り消しと日本軍の満鉄付属地への撤退を勧告することが決議されたことから，翌3月，日本は国際連盟からの脱退を通告した。

　昭和8（1933）年，京都帝国大学教授滝川幸辰の著書が，共産主義的であるとされ発禁処分となるとともに，滝川は休職処分を受けた（滝川事件）。また，東京帝国大学教授であった美濃部達吉は，国家は統治権を有する団体（法人）であり，天皇はその機関であるとする天皇機関説を唱えていたが，昭和10（1935）年に，天皇機関説は国体に反するとして貴族院で排撃され，美濃部は貴族院議員を辞職するとともに，その著書は発禁処分を受けた（天皇機関説事件）。

　昭和11（1936）年11月，共産インターナショナル（コミンテルン）の活動に対する防衛措置について相互に協議・協力することなどを内容とする日独防共協定を締結し，翌昭和12（1937）年11月にはイタリアもこれに加入した（日独伊防共協定）。

　昭和12（1937）年7月7日，北京郊外の盧溝橋で日中両軍は衝突し，宣戦布告のないまま戦争状態に突入した（日中戦争）。昭和13（1938）年4月には国家

総動員法が公布され，政府は，議会の承認なしに，労働力や物資を国民生活の全般にわたって統制・運用する権限をもつことになった。昭和14 (1939) 年には，国家総動員法に基づき，国民徴用令や価格等統制令が制定された。昭和15 (1940) 年 9 月に，日独伊三国同盟（日独伊三国軍事同盟）に調印した。この同盟は，ヨーロッパとアジアにおけるそれぞれの「新秩序」の建設と指導的地位を相互に認め（日独伊三国条約 1・2），第三国からの攻撃に対する相互援助を約していた（日独伊三国条約 3）。昭和16 (1941) 年 4 月，ソ連との間で相互不可侵および第三国の軍事行動の対象となった場合の他方の中立などを内容とする日ソ中立条約を締結した。

　昭和16 (1941) 年12月 8 日，日本はハワイの真珠湾を奇襲攻撃し，アメリカ・イギリスに宣戦布告をして，太平洋戦争がはじまった。昭和17 (1942) 年 6 月，日本はミッドウェー海戦で大敗し，同年 8 月にはアメリカ軍はガダルカナル島に上陸し，翌昭和18 (1943) 年 2 月，日本軍はガダルカナル島から撤退した。昭和19 (1944) 年には，アメリカ軍による本格的な本土空襲がはじまった。昭和20 (1945) 年 7 月，アメリカ・イギリス・中国の名で，日本に無条件降伏を求めるポツダム宣言を発表したが，日本政府は黙殺した。アメリカは，同年 8 月 6 日に広島に原子爆弾を投下し，同月 9 日に長崎にも原爆を投下した。同月 8 日，ソ連は，日ソ中立条約を破棄し，日本に宣戦布告し，満州・朝鮮・樺太に侵攻した。同月14日，日本政府はポツダム宣言を受諾し，翌15日天皇はラジオで戦争終結を告げた。

☑発展：ポツダム宣言

8　「カイロ」宣言ノ条項ハ履行セラルヘク又日本国ノ主権ハ本州，北海道，九州及四国並ニ吾等ノ決定スル諸小島ニ局限セラルヘシ

10　吾等ハ日本人ヲ民族トシテ奴隷化セントシ又ハ国民トシテ滅亡セシメントスルノ意図ヲ有スルモノニ非サルモ吾等ノ俘虜ヲ虐待セル者ヲ含ム一切ノ戦争犯罪人ニ対シテハ厳重ナル処罰加ヘラルヘシ日本国政府ハ日本国国民ノ間

　　ニ於ケル民主主義的傾向ノ復活強化ニ対スルー切ノ障礙ヲ除去スヘシ言論,
　　宗教及思想ノ自由並ニ基本的人権ノ尊重ハ確立セラルヘシ
　13　吾等ハ日本国政府カ直ニ全日本国軍隊ノ無条件降伏ヲ宣言シ且右行動ニ於
　　ケル同政府ノ誠意ニ付適当且充分ナル保障ヲ提供センコトヲ同政府ニ対シ要
　　求ス右以外ノ日本国ノ選択ハ迅速且完全ナル壊滅アルノミトス

⑤　戦後改革

　連合国による占領政策は, 東京におかれた GHQ (連合国軍最高司令官総司令部) が, 日本政府に指令・勧告するという間接統治方式がとられた。GHQ は, 昭和20 (1945) 年10月 4 日, 思想・信仰・集会および言論の自由を制限していたあらゆる法令の廃止, 政治犯の即時釈放, 特高の廃止などを命じる覚書 (人権指令) を発した。同月11日には, 憲法改正を示唆するとともに, ①参政権付与による女性の解放, ②労働組合の組織奨励, ③教育の自由主義化, ④秘密警察の廃止, ⑤経済の民主化の五大改革指令を出した。12月に衆議院議員選挙法改正法が成立し, 女性に初めて選挙権・被選挙権を認めるとともに, 選挙権を20歳以上, 被選挙権を25歳以上と, それぞれ引き下げた。昭和21 (1946) 年 4 月に, 戦後初の衆議院議員総選挙が実施され, 39名の女性議員が誕生した。

　昭和20 (1945) 年12月に労働組合法が成立し, 労働者の団結権・団体交渉権・争議権が保障された。昭和21 (1946) 年に労働争議を解決するための労働関係調整法, 翌昭和22 (1947) 年には, 8 時間労働制などの労働条件の最低条件を定めた労働基準法が制定された。昭和20 (1945) 年11月に GHQ は, 財閥の解体を指令し, 昭和22 (1947) 年には独占禁止法 (私的独占の禁止及び公正取引の確保に関する法律) が制定された。また同年, 教育の機会均等・男女共学などを定めた教育基本法も制定された。

　憲法改正について, 日本政府による憲法改正案が, 大日本帝国の一部修正にすぎなかったことから, GHQ 最高司令官マッカーサーは, GHQ に独自の改

正案（マッカーサー草案）を作成させ，幣原喜重郎内閣はこれをもとに憲法改正草案を作成し，昭和21（1946）年6月，第90回帝国議会に提出した。憲法改正案は，帝国議会で修正可決され，同年11月3日に公布され，翌昭和22（1947）年5月3日に施行された。日本国憲法の制定にともない，多くの法律が制定あるいは改正された。民法は，昭和22（1947）年に改正され，戸主を中心とする家族制度から，個人の平等と両性の本質的平等に基づく家族制度に改められた。同年に，刑法も改正され，皇室に対する罪や姦通罪などが廃止された。昭和23（1948）年に旧刑事訴訟法が全部改正され，黙秘権，弁護人選任権，令状主義，自白法則などを定めた新刑事訴訟法が公布された。

　昭和21（1946）年5月に極東国際軍事裁判（東京裁判）が開廷され，平和に対する罪で起訴されたA級戦犯28名を審理し，昭和23（1948）年11月に東条英機，広田弘毅など7名に死刑判決を下した。

　昭和25（1950）年に朝鮮戦争が始まると，マッカーサーの指令により，警察予備隊が創設された（警察予備隊令（昭和25年政令第260号））。昭和26（1951）年に，日本は48か国との間でサンフランシスコ平和条約を調印した。サンフランシスコ平和条約は昭和27（1952）年4月に発効し，日本は主権を回復した。サンフランシスコ平和条約の調印と同じ日に，日米安全保障条約が調印され，引き続き米軍は日本に駐留することになった。昭和27（1952）年10月に，警察予備隊は保安隊と改称された。昭和29（1954）年3月に，アメリカとの間でMSA協定（日米相互防衛援助協定など）を結び，アメリカの援助を受け入れる代わりに，自国の防衛能力の増強に必要なすべての合理的な措置をとる義務を負うことになり（日米相互防衛援助協定8），同年7月に陸・海・空の自衛隊が発足した。

☑発展：日米安全保障条約（昭和26年9月8日調印）

　日本国は，本日連合国との平和条約に署名した。日本国は，武装を解除されているので，平和条約の効力発生の時において固有の自衛権を行使する有効な手段をもたない。

　無責任な軍国主義がまだ世界から駆逐されていないので，前記の状態にある
日本国には危険がある。よつて，日本国は平和条約が日本国とアメリカ合衆国
の間に効力を生ずるのと同時に効力を生ずべきアメリカ合衆国との安全保障条
約を希望する。

第1条　平和条約及びこの条約の効力発生と同時に，アメリカ合衆国の陸軍，
　空軍及び海軍を日本国内及びその附近に配備する権利を，日本国は，許与し，
　アメリカ合衆国は，これを受諾する。（後略）
第3条　アメリカ合衆国の軍隊の日本国内及びその附近における配備を規律す
　る条件は，両政府間の行政協定で決定する。

　国際連合は，昭和20（1945）年10月に原加盟国51か国で発足したが，日本は，
昭和31（1956）年に，日ソ共同宣言によってソ連との国交が回復し，国際連合
への加入が認められた。日ソ共同宣言第9項で，日本とソ連との間の平和条約
が締結された後に，歯舞群島および色丹島を日本に現実に引き渡す旨明記され
た。

⑥　高度経済成長と経済大国日本

　日本経済は，昭和30（1955）年頃から昭和48（1973）年頃まで，実質国民総
生産（GNP）が平均して年率約10％という高度経済成長を続けた。しかし，ニ
クソン米大統領は，昭和46（1971）年に金・ドルの交換を停止し（ドル＝ショッ
ク，ニクソン＝ショック），日本も昭和48（1973）年2月に変動相場制へ移行し，
円高が進行し，日本の輸出産業は大きな打撃を受けた。さらに，昭和48
（1973）年10月に第4次中東戦争が起こると，原油価格が高騰し（第1次石油
ショック），激しいインフレが生じた。昭和49（1974）年には，実質経済成長率
が戦後はじめてマイナスとなり，高度経済成長が終焉を迎えた。石油ショック
後，日本は，省エネルギー型の社会への転換を図るとともに，企業は，賃金や
新規採用の抑制，パート・アルバイトの増加による人件費の削減などによって

減量経営を進めた。その結果，日本の国際競争力は強まり，自動車・電気製品などの輸出が増加し，大幅な貿易黒字となった。

　高度経済成長によって，国民の所得水準は上昇し，消費意欲も高まった。その一方で，急激な経済成長は，公害問題や消費者問題などを引き起こした。

　重化学工業の急速な発展とともに，産業公害が全国各地で発生した。熊本県水俣湾周辺で発生した水俣病，三重県四日市市で発生した四日市ぜんそく，富山県神通川流域で発生したイタイイタイ病，新潟県阿賀野川流域で発生した新潟水俣病は，四大公害といわれ，被害者が原因企業へ損害賠償を求めた訴訟では，いずれも原告側が勝訴し，被害者への損害賠償が認められた（四大公害訴訟）。公害に対する世論の高まりを背景に，昭和42（1967）年に，公害対策の基本となる事項や公害防止に関する責務などを定めた公害対策基本法が制定された。昭和45（1970）年のいわゆる公害国会で，大気汚染防止法の一部を改正する法律や水質汚濁防止法など公害関係14法が制定された。昭和46（1971）年に，環境の保全に関する行政を総合的に推進するために，環境庁（現在の環境省）が設置された。大気汚染防止法と水質汚濁防止法が昭和47（1972）年に改正され，人の生命や健康に被害を与えた企業は，故意・過失がなくとも損害賠償責任を負うことになった（無過失責任）。昭和48（1973）年に，汚染者負担の原則に基づき，公害健康被害者に対する金銭的な補償を定めた公害健康被害補償法が制定された。

　消費者運動が活発となると，消費者保護の制度が整備されるようになった。昭和36（1961）年に，割賦販売業者の義務，契約解除や損害賠償などについて規定した割賦販売法が成立した。昭和43（1968）年には，消費者の利益の擁護および増進に関する対策の総合的推進を図り，国民の消費生活の安定および向上を確保することを目的として消費者保護基本法が制定された。昭和45（1970）年には，消費者問題の調査，研究，情報収集のほか，消費者からの相談を受け付ける国民生活センターが発足した。昭和47（1972）年に割賦販売法が改正され，クーリング・オフ条項が追加された。昭和51（1976）年にマルチ商法や訪問・通信販売などの「特殊販売」を規制するために，訪問販売法が成

立した。

　女性の社会進出は高度経済成長期から増加する一方で，男女差別が問題となった。昭和54（1979）年に国連で採択された女子差別撤廃条約を批准するために，日本は，昭和60（1985）年に男女雇用機会均等法を制定し，募集・採用・配置・昇進について女性を男性と均等に取り扱う努力義務を課した。平成3（1991）年に育児休業法，平成7（1995）年に育児・介護休業法が制定された。平成9（1997）年に男女雇用機会均等法が改正され，女性を男性と均等に取り扱う努力義務規定が禁止規定に強化された。あわせて労働基準法も改正され，女性の時間外・休日労働，深夜業の規制が撤廃された。平成11（1999）年に，男女が対等な構成員として，社会の全分野における活動に参画する男女共同参画社会の形成の促進を目的として，男女共同参画社会基本法が制定された。

　☑発展：日米安全保障条約と安保闘争

　日本は，昭和26（1951）年にサンフランシスコ平和条約に調印すると同時に日米安全保障条約（旧安保条約）を締結した。日米安全保障条約により，日本を占領していた米軍は引き続き日本国内に駐留することとなった。旧安保条約第1条は，日本に駐留する米軍を「一又は二以上の外部の国による教唆又は干渉によって引き起された日本国における大規模の内乱及び騒擾を鎮圧するため日本国政府の明示の要請に応じて与えられる援助を含めて，外部からの武力攻撃に対する日本国の安全に寄与するために使用することができる。」として，日本の内乱に米軍が出動できると規定されていた（内乱条項）とともに，米国の日本防衛義務を明記していなかった。

　昭和35（1960）年に，激しい反対運動が展開されるなかで（安保闘争），日本国とアメリカ合衆国との間の相互協力及び安全保障条約（現行の安保条約）へと改定した。現安保条約第5条は，「各締約国は，日本国の施政の下にある領域における，いずれか一方に対する武力攻撃が，自国の平和及び安全を危うくするものであることを認め，自国の憲法上の規定及び手続に従つて共通の危険に対処するように行動することを宣言する。」として，日本に対する武力攻撃があった場合，日米両国が共同して対処することを定めた（米国の日本防衛義務）。

他方で，現安保条約第6条は，「日本国の安全に寄与し，並びに極東における国際の平和及び安全の維持に寄与するため，アメリカ合衆国は，その陸軍，空軍及び海軍が日本国において施設及び区域を使用することを許される。」として，米軍に対して日本の施設・区域を提供することとしている。

また，現安保条約と同時に，日米地位協定が結ばれた。同協定は，アメリカ軍に対する施設の提供やアメリカ軍人の出入国や租税，刑事裁判権などについて規定している。日本とアメリカの刑事裁判権が競合する場合について，同協定第17条3(a)は，「公務執行中の作為又は不作為から生ずる罪」について，合衆国の軍当局が，合衆国軍隊の構成員又は軍属に対して裁判権を行使する第一次の権利を有すると規定し，同協定同条5(c)は，「日本国が裁判権を行使すべき合衆国軍隊の構成員又は軍属たる被疑者の拘禁は，その者の身柄が合衆国の手中にあるときは，日本国により公訴が提起されるまでの間，合衆国が引き続き行なうものとする。」と規定していることから，アメリカ軍人に事実上，治外法権を認めているとの批判もある。

昭和53（1978）年に，日本に対する武力攻撃がなされた場合に備えて，自衛隊と米軍が，共同演習や共同訓練を実施することなどを定めた日米防衛協力のための指針（ガイドライン）が策定された。

7 バブル経済の崩壊と社会主義体制の崩壊

7.1 55年体制の崩壊

平成元（1989）年に，東欧諸国では，民主化が相次ぎ，社会主義体制が崩壊し，同年12月，米ソ首脳によるマルタ会談で冷戦の終結が宣言された。平成2（1990）年に，日本ではバブル経済が崩壊し，日本経済は不況に陥った。このような国内外の変化は，日本の統治体制に大きな変革を迫ることとなった。

昭和30（1955）年に，左右に分裂していた日本社会党が統一された。これに対抗して，同年，日本民主党と自由党も保守合同して自由民主党が結成された。これにより，保革対立の構図ができたが，政権交代がないまま，自民党による長期政権が続いていた（55年体制）。しかし，政治改革が必要であるとの声が高まり，平成5（1993）年7月の衆議院議員総選挙で自民党は過半数を獲得でき

ず，8党派による非自民連立政権（細川護煕内閣）が誕生した（55年体制の崩壊）。細川政権のもとで，平成6（1994）年に政治改革関連法が成立した。これにより，公職選挙法が改正され，衆議院の選挙制度が中選挙区制から小選挙区比例代表並立制に変更された。また，政治資金規正法を改正し，政党への企業や団体による政治献金を制限する一方で，政党に公費から助成金（政党交付金）を支払う政党助成法が成立した。しかし，非自民連立政権は短命に終わり，平成6（1994）年には，自民党・社会党・新党さきがけの3党連立政権が成立した。その後，一時期を除いて，自民党を中心とする連立政権が続いた。しかし，平成21（2009）年の衆議院議員総選挙では，民主党が単独過半数を獲得して，政権交代が起こり，民主党を中心とする政権が誕生した。

☑用語解説：政治資金規正法・政党助成法

　政治資金規正法は，政治団体の届出，政治団体に係る政治資金の収支の公開ならびに政治団体および公職の候補者に係る政治資金の授受の規正によって，政治活動の公明と公正を確保し，もって民主政治の健全な発達に寄与することを目的とする法律である（政資1）。企業・団体などによる寄附は，政党および政治資金団体に限定され，政治家個人や政治家の資金管理団体へ寄附することは禁止されている（政資21①）。個人から政治家個人への寄附は認められている（政資21の3・22②）。年間5万円を超える寄附については，寄附者の氏名等を公開しなければならない（政資12①Ⅰロ）。

　政党助成法は，国が政党に対し政党交付金による助成を行うことにより，政党の政治活動の健全な発達を促進し，もって民主政治の健全な発展に寄与することを目的とする法律である（政党助成1）。毎年の政党交付金の総額は，人口に250円を乗じた額である（政党助成7①）。政党助成の対象なる「政党」は，①衆議院または参議院に5名以上議席を有する政治団体（政党助成2①Ⅰ）か，②直近の衆議院議員総選挙または参議院議員通常選挙で有効投票総数の2％以上の得票のあった政治団体（政党助成2①Ⅱ）である。

7.2　バブル経済の崩壊

　1980年代になると，アメリカは財政赤字と経常収支赤字（双子の赤字）に苦しんでいたことから，昭和60（1985）年に，アメリカ・イギリス・フランス・西ドイツ・日本の先進5か国蔵相中央銀行総裁会議（G5）でドル高を是正するために各国が強調するというプラザ合意が成立した。プラザ合意により円高が急速に進行し，日本は一時的に円高不況になったが，低金利政策により余った資金が，株式や不動産投資に向かい，これによって株価や不動産価格は高騰し，バブル景気をもたらした（バブル経済）。

　しかし，平成元（1989）年，日銀の金融引き締めにより地価や株価が下落し，平成2（1990）年にバブル経済は崩壊した。その結果，土地を担保にして貸し付けをしていた金融機関に多額の不良債権が発生し，日本経済は深刻な長期不況におちいった（失われた10年）。企業はリストラクチャリングを推し進め，終身雇用制と年功序列型賃金という日本型雇用慣行は崩れ，非正規雇用労働者が増加した。平成5（1993）年には，パートタイム労働者など短期労働者の保護を目的として，パートタイム労働法が成立したが，平成11（1999）年には，労働者派遣法を改正し，26業種に限られていた派遣対象業務を原則自由化し，非正規雇用労働者の増加を後押しした。

　平成13（2001）年4月に誕生した小泉純一郎内閣は，特殊法人改革，郵政民営化，三位一体改革，規制緩和などの構造改革を推しすすめた。行政改革を始めとする社会経済の構造改革が進められたことによって，日本社会は，様々な規制や指導を通じて個人や企業の活動を事前に調整する「事前規制・調整型の社会」から，明確なルールと自己責任原則に貫かれた「事後監視・救済型社会」への転換が図られることとなった。このような社会の変化にともない，司法の役割が増大することから，司法制度改革が不可欠であった。そこで，平成14（2002）年3月に，①国民の期待に応える司法制度の構築，②司法制度を支える体制の充実強化（司法制度を支える法曹の在り方の改革），③司法制度の国民的基盤の確立（国民の司法制度への関与の拡充）の3つの柱を内容とする司法制度改革推進計画が閣議決定され，平成16（2004）年までに合計24本の司法制度

改革関連法が成立した。具体的には，①民事裁判の充実・迅速化，②法科大学院制度の創設，③裁判員制度の導入，④刑事裁判の充実・迅速化，⑤被疑者に対する国選弁護人制度の導入，⑥日本司法支援センター（法テラス）の整備などを内容とする改革であった。平成17（2005）年に特許など知的財産権に関する訴訟を専門的に扱う知的財産高等裁判所が東京高等裁判所に設置された。平成18（2006）年から，法的トラブルに関する情報やサービスを市民に提供する法務省所管の組織である日本司法支援センター（法テラス）が業務を開始した。殺人などの重大な犯罪の刑事裁判の第一審に一般市民から選ばれた裁判員が参加する裁判員制度が，平成21（2009）年から実施されている。

　平成14（2002）年からは日本経済は上向き，平成19（2007）年まで好景気が続いた。しかし，平成20（2008）年，アメリカの大手証券会社リーマン・ブラザーズの破綻を契機に，世界金融危機が起こり（リーマン・ショック），日本の景気も後退し，派遣労働者の解雇や雇い止め（派遣切り）が続出し，社会問題となった。

☑用語解説：特殊法人改革，郵政民営化，三位一体改革

　特殊法人とは，行政に関連する公的な事業を遂行するため，特別の法律により設立された法人である。特殊法人は，行政ニーズの多様化・高度化に対応して，幅広い分野において，様々な政策実施機能を果たしてきた。しかし，特殊法人に対しては，経営責任の不明確性，事業運営の非効率性・不透明性などが指摘されていた。そこで，平成13（2001）年6月に特殊法人等改革基本法が成立し，行政の構造改革の一環として，特殊法人改革が進められた。平成16年6月に道路関係四公団民営化関係四法が公布され，平成17（2005）年に道路関係四公団が民営化された。

　郵政民営化とは，郵政三事業（郵便，郵便貯金，郵便保険）を民営化することであった。郵政事業は，戦後，郵政省（昭和24（1949）年発足）が所管していた。その後，平成13（2001）年に郵政事業庁が発足し，平成15（2003）年に日本郵政公社が発足し，郵政事業を引き継いでいた。小泉内閣は，郵政民営化を改革の本丸と位置づけ，平成17（2005）年に郵政民営化法を成立させ，5社

に分割・民営化する郵政民営化を断行した。その後，平成24（2012）年に，分社化の弊害を解消し，金融のユニバーサルサービスを確保するために，郵政民営化法等の一部を改正する等の法律が成立し，現在は，日本郵政株式会社，日本郵便株式会社，株式会社ゆうちょ銀行，株式会社かんぽ生命保険の4社体制となっている。

　三位一体の改革とは，「地方にできることは地方に」という方針の下，国の関与を縮小し，地方の権限・責任を拡大して，地方分権を一層推進することを目指し，国からの補助金の削減，地方への税源移譲，地方交付税の見直しの3つを一体として行った改革である。

7.3　社会主義体制の崩壊

　昭和60（1985）年に，ゴルバチョフがソ連共産党の書記長に就任し，ペレストロイカ（改革）とグラスノスチ（情報公開）を推し進めたことをきっかけにして，平成元（1989）年には，東欧諸国で民主化活動が活発になり，同年11月にはベルリンの壁が開放された。平成2（1990）年には東西ドイツが統一し，平成3（1991）年12月にソ連は解体した。

　平成3（1991）年3月には，湾岸戦争が勃発した。湾岸戦争を契機に，日本の国際貢献へのあり方が議論され，平成4（1992）年に国連平和維持活動（PKO）協力法が成立した。

　平成8（1996）年に発表された日米安全保障共同宣言では，アジア太平洋地域においてより安定した安全保障環境の構築するために，日米防衛協力のための指針（ガイドライン）の見直しを行うことが表明された。平成9（1997）年に策定された新ガイドラインでは，周辺事態（日本周辺地域における事態で日本の平和と安全に重要な影響を与える場合）における日米協力の具体的内容をも定めた。これを受けて，平成11（1999）年に，日本周辺における日本の平和と安全に重要影響を与える武力紛争などの事態の際，自衛隊が米軍に行える後方支援の内容を定めた周辺事態法が制定された。平成13（2001）年9月11日にアメリカ同時多発テロが起こり，同年，テロ対策特別措置法が成立し，海上自衛隊がイ

ンド洋に派遣され，米軍などへの給油活動などを行った。平成15（2003）年に，日本が外国から武力攻撃される事態への基本理念を定め，自衛隊の行動の円滑化と政府の会議機能の強化を目的として，武力攻撃事態法などの有事法制関連3法が成立した。また，同年に起きたイラク戦争を受けて，イラク復興支援特別措置法が成立し，自衛隊はイラクに派遣された。平成16（2004）年に，日本有事の際に国民を守るための避難や救援の手続きを規定した国民保護法など有事関連7法が成立した。平成21（2009）年に，ソマリア沖などでの海賊対策として自衛隊を派遣するために，海賊対処法が制定された。

7.4　地球環境問題

　昭和47（1972）年，ストックホルムで国連人間環境会議が開催された。この会議は,「かけがえのない地球」をスローガンに，人間環境宣言や環境国際行動計画を採択した。

　その20年後の平成4（1992）年に，リオデジャネイロで国連環境開発会議（地球サミット）が開催され,「持続可能な開発」を基本理念に，環境と開発に関するリオ宣言，持続可能な開発についての国際的な取組みに関する行動計画である「アジェンダ21」，大気中の温室効果ガスの濃度を安定化させることを究極の目標とする気候変動に関する国際連合枠組条約（国連気候変動枠組条約）が採択された。平成9（1997）年に，京都で国連気候変動枠組条約第3回締約国会議（COP3）が開催され，二酸化炭素の排出量を，平成20（2008）年～平成24（2012）年の5年間で平成2（1990）年に比べて，日本は－6％，米国は－7％，EU は－8％の削減をすることを義務づけた京都議定書が採択された。平成13（2001）年にアメリカは京都議定書から離脱したが，京都議定書は平成17（2005）年に発効し，平成24（2012）年末で第1約束期間が終わったが，平成24（2012）年の第18回締約国会議（COP18）で，京都議定書の第2約束期間（平成25（2013）年～令和2（2020）年）が決定された（日本は不参加）。平成27（2015）年の第21回締約国会議（COP21）において，温暖化対策に向けた新しい枠組みであるパリ協定が採択された。パリ協定は，産業革命前からの地球平均

気温上昇を2度未満にすることを目標として，加盟しているすべての締約国（196か国・地域）が温室効果ガスの削減に取り組むことなどを定めている。

　日本国内では，平成5（1993）年に，公害対策基本法に代わって，環境保全についての基本理念などを定めた環境基本法が制定された。平成9（1997）年，道路，空港，ダムなどの大規模な開発事業を行う際に，環境にどのような影響を及ぼすかについて，あらかじめ事業者自らが調査・予測・評価を行う環境影響評価（環境アセスメント）を法制化した環境影響評価法が成立した。平成13（2001）年に，環境庁が環境省として再編された。

8　東日本大震災と新型コロナウイルス感染症の流行

　平成21（2009）年8月の衆議院議員総選挙で民主党が大勝し，民主党を中心とする政権が誕生した。平成23（2011）年3月11日，東北地方太平洋沖地震とそれに伴う津波により，東日本大震災が起き，福島県の太平洋沿岸に位置する東京福島第一原子力発電所は津波の影響により，原子炉を冷却することができず，大量の放射性物質を大気中に拡散させた。福島第一原子力発電所の事故を受けて，平成23（2011）年8月に，再生可能エネルギーで発電した電気を電力会社が一定価格で，一定期間買い取ることを義務づけた再生可能エネルギー特別措置法が成立し，平成24（2012）年7月から再生可能エネルギーの固定価格買取制度が始まった。しかし，民主党政権の東日本大震災や原発事故への対応，ならびに消費税の引き上げを内容とする社会保障・税一体化改革への批判が強く，平成24（2012）年の衆議院議員総選挙で自民党が圧勝し，自民党・公明党の連立政権に交代した。平成24（2012）年12月26日に発足した第2次安倍晋三政権は，令和2（2020）年9月16日に内閣総辞職するまで，7年8か月余りにおよぶ長期政権となった。

　平成25（2013）年に，防衛・外交・特定有害防止活動・テロ防止に関する情報で，国の安全保障のためにとくに秘密にする必要がある特定秘密に関する漏洩防止を目的とする特定秘密保護法が成立した。平成26（2014）年，政府は集

団的自衛権の行使を限定的に容認する閣議決定をおこない，平成27（2015）年には安全保障関連法が成立した。安全保障関連法は，自衛隊法などの10本の関係法規を一括して改正する我が国及び国際社会の平和及び安全の確保に資するための自衛隊法等の一部を改正する法律（平和安全法制整備法）と，国際平和共同対処事態に際して我が国が実施する諸外国の軍隊等に対する協力支援活動等に関する法律（国際平和支援法）の 2 つに分かれる。平和安全法制整備法により改正された武力攻撃事態法は，「わが国と密接な関係にある他国に対する武力攻撃が発生し，これによりわが国の存立が脅かされ，国民の生命，自由及び幸福追求の権利が根底から覆される明白な危険がある事態」（存立危機事態）における集団的自衛権の行使を認めた。国際平和支援法は，国際平和共同対処事態に際し，日本が国際社会の平和と安全のために活動する諸外国の軍隊等に対して行う協力支援活動等を定めている。

　平成28（2016）年に，刑法，刑事訴訟法，組織犯罪処罰法，通信傍受法など10の改正法をまとめた刑事司法改革関連法が成立した。これにより，裁判員裁判の対象事件と検察の独自捜査事件を対象に，捜査機関に取り調べの全過程の録音・録画が義務付けられるようになった。他方で，被疑者・被告人が，他人の刑事事件の証拠収集等に検察官に協力すると，求刑が軽くなるなどの見返りを受けられる司法取引（合意）制度が導入された。

　平成29（2017）年に，民法のうち債権関係の規定を全般的に見直した民法の一部を改正する法律が成立した。明治29（1896）年の民法の制定以来約120年ぶりの大幅な改正であり，ごく一部の例外を除いて，令和 2 （2020）年 4 月 1 日からこの民法改正法が施行された。平成30（2018）年 6 月に，民法の成年年齢を20歳から18歳に引き下げることなどを内容とする民法の一部を改正する法律が成立し，同年 7 月に，相続法の見直しを内容とする民法及び家事事件手続法の一部を改正する法律が成立した。令和元（2019）年に，特別養子制度の改正を内容とする民法等の一部を改正する法律が成立した。

　平成24（2012）年の労働契約法の改正によって，有期労働契約が反復更新されて通算 5 年を超えたときは，労働者の申込みにより，期間の定めのない無期

労働契約に転換できるルールが設けられた（労契18）。また雇止め法理が法定化された（労契19）。平成27（2015）年に，労働者派遣法が改正され，派遣期間は全業種で原則として3年が限度となった。平成30（2018）年に，労働者の働き方改革を総合的に推進するため，労働基準法や労働契約法などさまざまな法律の改正を一つにまとめた働き方改革関連法が成立した。働き方改革関連法により，残業時間の上限規制，同一労働同一賃金や高度プロフェッショナル制度などが導入された。同年，出入国管理及び難民認定法及び法務省設置法の一部を改正する法律が成立し，外国人労働者の新たな在留資格となる特定技能制度が創設され，出入国在留管理庁が設置された。令和元（2019）年には，女性活躍の推進のための施策およびハラスメント対策の強化を図るために，女性の職業生活における活躍の推進に関する法律等の一部を改正する法律が成立した。

　令和2（2020）年1月16日，厚生労働省が国内初の新型コロナウイルス感染を確認したと発表した。同年1月28日，日本政府は，新型コロナウイルス感染症を指定感染症として定める等の政令を公布し，同年2月1日に施行した。同年3月13日には，新型インフルエンザ等対策特別措置法の一部を改正する法律を公布し，同法により，新型コロナウイルス感染症について，緊急事態宣言の発出・都道府県知事による施設の使用の制限・停止の要請・指示・公表等の措置ができるようになった。さらに，同年12月9日に，新型コロナウイルス感染症に係る予防接種の実施方法等について定めた予防接種法及び検疫法の一部を改正する法律が公布された。令和3（2021）年2月3日に，より実効的な対策をとるために，新型インフルエンザ等対策特別措置法等の一部を改正する法律が公布された。

　近時，所有者不明土地が増加しており，所有者の探索に多大な時間・費用が必要となることから，社会問題となっている。そこで，所有者不明土地の解消に向けて，令和3年（2021）年4月28日に，民法等の一部を改正する法律および相続等により取得した土地所有権の国庫への帰属に関する法律が公布された。民法等改正法は，所有者不明土地の管理に特化した新たな財産管理制度を創設するとともに，土地の相続に際して登記がされるよう，相続登記を義務化した。

同年 5 月19日に，デジタル社会を実現するために，デジタル社会形成基本法などのデジタル改革関連法が公布された。同年 9 月 1 日には，デジタル社会形成の司令塔を担うデジタル庁が発足した。

　民法には，親権を行う者の子に対する懲戒権が規定されていたが，懲戒権については，児童虐待を正当化する口実に利用されているとの指摘がなされていた。また，民法の嫡出推定制度に関連して，無戸籍者が社会的な問題となっている。そこで，令和 4 （2022）年12月16日に，懲戒権の規定の削除と嫡出推定制度の見直しを内容とする民法等の一部を改正する法律が公布された。

第3章	日本国憲法と基本的人権

1 日本国憲法の基本原理

1.1 国民主権

　日本国憲法は，国民主権，基本的人権の尊重，平和主義を基本原理とする。国民主権とは，国民が国の政治のあり方を最終的に決定する力をもつというものであり，民主主義を支える原理である。

　日本国憲法は，その前文で「ここに主権が国民に存することを宣言し（中略）国政は，国民の厳粛な信託によるものであつて，その権威は国民に由来し，その権力は国民の代表者がこれを行使し，その福利は国民がこれを享受する。」と述べ，さらに第1条で天皇の地位は「主権の存する日本国民の総意に基く。」と規定して，国民主権をうたっている。

1.2 基本的人権の尊重

　日本国憲法第13条は，「すべて国民は，個人として尊重される。」と定め，個人の尊重を宣言している。人が，個人として尊重されるためには，基本的人権が保障されていなければならない。基本的人権は，人が生まれながらにもっている権利である。日本国憲法第11条は，「国民は，すべての基本的人権の享有を妨げられない。この憲法が国民に保障する基本的人権は，侵すことのできない永久の権利として，現在及び将来の国民に与へられる。」として，基本的人権の尊重を規定している。

　他方で，「基本的人権は，人類の多年にわたる自由獲得の努力の成果であつて，これらの権利は，過去幾多の試錬に堪へ，現在及び将来の国民に対し，侵

表 4　日本国憲法で規定されている基本的人権

人権の分類		具体例
平等権		法の下の平等（14）。 両性の本質的平等（24）。 教育の機会均等（26）。 選挙権の平等（44）。
自由権	精神の自由	思想・良心の自由（19）。 信教の自由（20）。 集会・結社・表現の自由（21①）。 検閲の禁止・通信の秘密（21②）。 学問の自由（23）。
	人身の自由	奴隷的拘束および苦役からの自由（18）。 法定手続きの保障（31）。 逮捕に対する保障（33）。 抑留・拘禁に対する保障（34）。 住居の不可侵（35）。 拷問・残虐な刑罰の禁止（36）。 刑事被告人の権利（37）。 黙秘権の保障（38）。
	経済の自由	居住・移転および職業選択の自由（22①）。 外国移住・国籍離脱の自由（22②）。 財産権の不可侵（29）。
社会権		生存権（25）。 教育を受ける権利（26）。 勤労の権利（27①）。 団結権・団体交渉権・団体行動権（28）。
参政権		公務員の選定・罷免権（15①）。 選挙権（15③・44・93）。 秘密投票（15④）。 最高裁判所裁判官の国民審査（79②・③）。 地方公共団体の長・議員の選挙権（93）。 特別法の制定同意権（95）。 憲法改正の国民投票（96①）。
請求権		請願権（16）。 国家賠償請求権（17）。 裁判を受ける権利（32・37①）。 刑事補償請求権（40）。

（注）丸かっこ内は日本国憲法の条文番号。

すことのできない永久の権利として信託されたものである。」(憲97) ことから，基本的人権は，「国民の不断の努力によつて，これを保持しなければならない。」(憲12) ものである。

　基本的人権は最大限尊重されるべきであるが，社会においては他人の基本的人権や社会全体の利益と衝突する場合もある。そのため，基本的人権であっても，制約を受ける。日本国憲法は，第12条で「国民は，これ〔自由及び権利〕を濫用してはならないのであつて，常に公共の福祉のためにこれを利用する責任を負ふ。」と定め，また第13条で，「生命，自由及び幸福追求に対する国民の権利については，公共の福祉に反しない限り，立法その他の国政の上で，最大の尊重を必要とする。」と規定し，公共の福祉により基本的人権が制限されることを認めている。

　ところで，日本国憲法は，立憲主義に基づき，公権力を制限し，国民の基本的人権を保障している。したがって，日本国憲法の自由権や平等原則の規定は，国または公共団体の統治行動に対して個人の基本的な自由と平等を保障することを目的としているので，公権力と私人の関係に対しては直接適用される。これに対して，私人間の関係は，当事者の自由な意思に基づいて決定されるべきであり，国家は干渉してはならないという私的自治の原則が認められている。そのため，人権の性質上当然に私人間にも適用される規定（奴隷的拘束および苦役からの自由（憲18），家族生活における個人の尊厳と両性の平等（憲24），労働基本権（憲27・28））を除いて，憲法の自由権や平等原則の規定は，私人間には直接には適用されない。しかし，私人の関係が対等でない場合には，私人による人権侵害が行われることがある。そこで，私人間の人権侵害やそのおそれに対しては，公序良俗（民90）や不法行為（民709）などの民法の規定を通じて，人権を救済することが認められている（間接適用説）。

☑判例紹介：間接適用説の判例

　企業に試用期間を設けて採用された労働者が，採用試験で学生運動などにか

かわっていたこを言わなかったため，試用期間の満了直前に本採用を拒否され
たところ，思想・信条による差別であり憲法第14条・第19条に違反するとして
提訴した事案において，最高裁判所は，憲法第14条・第19条の規定は，直接私
人相互間の関係に適用されるものではないので，企業者が特定の思想・信条を
有する労働者をそのことを理由に採用を拒否しても，当然に違法とすることは
できないとして，労働者の主張を退けた（三菱樹脂事件。最大判昭和48年12月
12日民集27巻11号1536頁）。

　　また，一般企業が，定年年齢を男性60歳，女性55歳と就業規則で定めていた
事案について，最高裁判所は，就業規則中，女性の定年年齢を男性より低く定
めた部分は，専ら女性であることのみを理由とする差別であり，性別のみによ
る不合理な差別を定めたものとして民法第90条の規定により無効であるとした
（日産自動車事件。最判昭和56年 3 月24日民集35巻 2 号300頁）。

1.3　平和主義

　日本国憲法は，前文で「政府の行為によつて再び戦争の惨禍が起ることのな
いやうにすることを決意し（中略）日本国民は，恒久の平和を念願し（中略）
平和を愛する諸国民の公正と信義に信頼して，われらの安全と生存を保持しよ
うと決意した。」として，平和主義をとることを決意するとともに，「われらは，
全世界の国民が，ひとしく恐怖と欠乏から免かれ，平和のうちに生存する権利
を有することを確認する。」として平和的生存権を規定している。

　日本国憲法第 9 条は，平和主義を具体化するために，第 1 項では戦争の放棄
を，第 2 項では戦力の不保持と交戦権の否認を定めている。

② 基本的人権の保障

2.1　法の下の平等

（1）平等権の保障

　個人として尊重されるためには，個人は平等にあつかわれなければならない。
日本国憲法第14条第 1 項は，「すべて国民は，法の下に平等であつて，人種，

信条，性別，社会的身分又は門地により，政治的，経済的又は社会的関係において，差別されない。」として，法の下の平等を定めている。さらに，貴族制度の禁止（憲14②），両性の本質的平等（憲24），教育の機会均等（憲26），選挙権・被選挙権の平等（憲44）などを規定している。

（2）家庭生活と平等

　戦前の日本の家制度は，戸主の家族に対する支配権（戸主権）や家督相続を認める家父長制的なものであった。また，相続や，夫権，親権において男性優位なものであった。そこで，日本国憲法第24条は，家族生活における男女の平等を規定した。昭和22年に改正された民法は，日本国憲法第24条の趣旨にしたがって，戸主・家督相続制を廃止し，男女同権の新しい家族制度を定めた。

　男女同権の家族制度をどのように具体化するかが問題となっている。民法第733条第1項は，女性についてのみ再婚禁止期間を6か月と定めていたところ，最大判平成27年12月16日民集69巻8号2427頁は，100日を超える部分については合理性を欠くとして，日本国憲法第14条第1項・第24条第2項に違反すると判示し，平成28年の民法改正で，女性の再婚禁止期間は100日に短縮された。さらに，令和4年の民法改正で，女性の再婚禁止期間は廃止された。

　民法第750条は，婚姻すると，同姓を名乗ることを定めている。妻が夫の姓に変更する場合がほとんどである。しかし，女性の社会進出にともない，夫婦別姓を求める声が出てきた。最大判平成27年12月16日民集69巻8号2586頁は，夫婦がいずれの氏を称するかを夫婦となろうとする者の間の協議に委ねていること，および婚姻によって氏を改める者にとって，アイデンティティの喪失感を抱いたり，婚姻前の氏を使用するなかで形成してきた個人の社会的な信用，評価，名誉感情等を維持することが困難になったりするなどの不利益を受ける場合があるが，氏の通称使用が広まることにより一定程度は緩和されうるものであることなどを根拠に，民法第750条は日本国憲法第14条・第24条に違反しないと判示した。その上で，選択的夫婦別姓制度については，最高裁判所は，国会で議論され，判断されるべきとした。

　性的少数者，いわゆる LGBT（レズビアン・ゲイ・バイセクシャアル・トランス
ジェンダー）の人権については，平成23（2011）年，国連人権理事会で，性的指
向と性自認に関する決議が採択され，性的指向や性自認を理由として個人に対
して行われる暴力と差別の全ての行為に重大な懸念を表明した。海外では，同
性どうしの法律上の婚姻を認める同性婚や，婚姻と同じ地位を認める同性パー
トナーシップ制度が広がっている。日本でも，平成27（2015）年以降，同性
パートナーシップ制度を導入する自治体が増えている。しかし，日本の同性
パートナーシップ制度は，婚姻と同じ地位を認めるものでもなく，関係を証明
するにとどまっている。令和 5（2023）年 6 月23日に，性的指向およびジェン
ダーアイデンティティの多様性に寛容な社会の実現に資することを目的として，
性的指向及びジェンダーアイデンティティの多様性に関する国民の理解の増進
に関する法律（LGBT 理解増進法）が公布・施行された。

　　☑発展：パートナーシップ制度

　日本では，平成27（2015）年に東京都渋谷区が，渋谷区男女平等及び多様性
を尊重する社会を推進する条例（以下，「渋谷区条例」という。）を制定し，渋
谷区パートナーシップ証明書を発行するようになった。この証明書は，法律上
の婚姻とは異なるものとして，男女の婚姻関係と異ならない程度の実質を備え
る戸籍上の性別が同一である 2 者間の社会生活関係を「パートナーシップ」と
定義し（渋谷区条例 2 Ⅷ），条例においてパートナーシップの関係にあることを
確認，証明するものである（渋谷区条例10）。
　渋谷区パートナーシップ証明書は，男女間には発行されない。これに対して，
東京都港区は，令和 2（2020）年に，誰もが，性的指向，性自認にかかわらず，
誰もが人生を共にしたい人と家族として暮らすことを尊重する施策を推進する
ための制度（みなとマリアージュ制度）を導入した（港区男女平等参画条例 9
の 2）。この制度は，同性間・異性間でも，外国籍である者も利用可能である。
このようにパートナーシップ制度を同性間に限定しない制度も増加している。
　また，パートナーシップを証明した 2 者の同居の子供や親を家族認定する
ファミリーシップ制度を採用する自治体も増えている。たとえば，大阪市は，

パートナー二人での宣誓を基本とし，一方の子または親を含めた当事者が，家族として，日常生活において相互に協力し合うことを宣誓されたことを，公に証明する制度を導入している（大阪市ファミリーシップ制度に関する要綱）。

2.2　自由権

　自由権とは，国家権力からの干渉・制限を排除する権利である。日本国憲法が保障する自由権は，精神の自由，人身の自由，経済の自由に大別される。

（1）精神の自由

　精神の自由とは，人の精神活動の自由である。人間は，心の中で自由に物事を考えたり，考えた内容を外部に発表したりすることにより，人間は個人として成長することができ，社会もまた発展することができる。そのため，日本国憲法は，精神の自由として，思想・良心の自由（憲19），信教の自由（憲20），表現の自由（憲21），学問の自由（憲23）を保障している。思想・良心の自由は，精神の自由の中でもっとも基本的なものであり，これが侵害されると人間らしさが失われてしまう。

☑判例紹介：君が代ピアノ伴奏職務命令拒否戒告処分事件

　市立小学校の音楽科教師が，入学式で斉唱される「君が代」の伴奏を校長に命じられたことにより，思想・良心の自由が侵害されたと訴えた事件で，最高裁判所は，公立小学校における入学式や卒業式において，国歌斉唱として「君が代」が斉唱されることが広く行われていたことであり，ピアノの伴奏を求めることがその教師の歴史観ないし世界観それ自体を否定するものではないとして，思想・良心の自由を侵害しないと判示した（最判平成19年2月27日民集61巻1号291頁）。

　信教の自由は，信仰の自由，布教や宗教上の儀式・行為を行う自由，宗教的

結社の自由である。信教の自由を保障するために，宗教団体が国から特権を受けることを禁止し（憲20①），国が宗教的活動をすることを禁止し（憲20③），さらに公金を宗教団体に支出することを禁止すること（憲89）により，政治と宗教を分離する政教分離の原則を定めている。

☑判例紹介：政教分離の原則にかかわる訴訟

　津市が体育館の建設の際に，神式地鎮祭を行い，その費用を市が支出したことについて，最高裁判所は，「その目的は建築着工に際し土地の平安堅固，工事の無事安全を願い，社会の一般的慣習に従つた儀礼を行うという専ら世俗的なものと認められ，その効果は神道を援助，助長，促進し又は他の宗教に圧迫，干渉を加えるものとは認められないのであるから，憲法20条3項により禁止される宗教的活動にはあたらない」として，政教分離の原則に違反しないとした（津地鎮祭訴訟。最大判昭和52年7月13日民集31巻4号533頁）。

　これに対して，靖國神社・護国神社が挙行した例大祭等に際して，愛媛県が玉串料等を奉納したことについて，最高裁判所は，玉串料の奉納は，その目的が宗教的意義を持ち，その効果が特定の宗教に対する援助，助長，促進になり，県と靖國神社等との関わり合いが我が国の社会的・文化的諸条件に照らし相当とされる限度を超えるものであって，憲法第20条第3項の禁止する宗教的活動にあたるとして，政教分離の原則に違反するとした（愛媛玉串料訴訟。最大判平成9年4月2日民集51巻4号1673頁）。

　那覇市の管理する都市公園内に儒教の祖である孔子等を祀った久米至聖廟を設置することを許可した上で，その敷地の使用料の全額を免除した行為について，最高裁判所は，使用料の全額免除は，一般人の目から見て，市が特定の宗教に対して特別の便益を提供し，これを援助していると評価されてもやむを得ないものといえるとして，憲法第20条第3項の禁止する宗教的活動に該当し，違憲であると判示した（最大判令和3年2月24日民集75巻2号29頁）。

　集会，結社，言論，出版などの表現の自由は，人が心の中で考えたことや，自分が知った事実を外部へ発表する自由である。表現の自由は，内心の自由を実質的に保障するために必要である。また，個人が，政治や社会について自分

の考えを自由に表明し，お互いに討論することにより，民主主義は維持発展することからも，表現の自由は重要である。憲法は，検閲を禁止し，通信の秘密を保障している（憲21②）。表現の自由も，他人の権利と衝突することがあるので，表現の自由も一定の制約を受ける。

☑判例紹介：北方ジャーナル事件

　昭和54（1979）年の北海道知事選挙立候補予定者を批判した雑誌が，名誉侵害を理由に裁判所によって発売前に差し止められた事案について，最高裁判所は，憲法第21条第2項前段にいう「検閲」を，行政権が主体となって，思想内容等の表現物を対象とし，その全部または一部の発表の禁止を目的として，対象とされる一定の表現物につき網羅的一般的に，発表前にその内容を審査した上，不適当と認めるものの発表を禁止することであると解した上で，裁判所による事前差し止めは「検閲」に当たらないと判示した。

　さらに，表現内容が真実でなく，被害が重大で回復困難になるおそれがある場合には，裁判所による出版物の事前差し止めを認めても，憲法第21条の表現の自由に反しないと判示した（最大判昭和61年6月11日民集40巻4号872頁）。

　学問の自由には，学問研究の自由，研究発表の自由，および教授の自由が含まれる。これらの自由は，思想・良心の自由や表現の自由に含まれる。しかし，旧憲法下では，学問への弾圧が行われたことから，日本国憲法はとくに学問の自由の規定をおいた（憲23）。学問の自由には，大学の自主的な人事や施設管理（大学の自治）も含まれる。

☑発展：大日本帝国憲法下における学問の自由に対する弾圧

　昭和8（1933）年に，京都帝国大学教授であった滝川幸辰は，その刑法学説が共産主義的とされ，文部省（文相鳩山一郎）から休職処分を受けた。美濃部達吉は，国家は統治権を有する団体であり，天皇はその統治権を行使する最高の機関とする天皇機関説を唱えたが，昭和10（1935）年に天皇機関説は国体に

　反するとして貴族院で攻撃され，ときの岡田啓介内閣は，統治権は天皇にある
という国体明徴声明を出し，天皇機関説を排斥した。

（2）人身の自由

　人身の自由は，国家によって不当に身体を拘束されない自由である。日本国
憲法は，奴隷的拘束の自由および苦役からの自由を保障している（憲18）。

　第二次世界大戦前に国家権力による不当な人権侵害があったことから，日本
国憲法は刑事手続に関して詳細な規定を置いている。日本国憲法第31条は，法
律の定める手続きによらなければ，刑罰を科せられることはないとする法定手
続きの保障を定めるとともに，どのような行為を犯罪とし，どのような刑罰を
科すかは，あらかじめ法律で定めておかなければならないとする罪刑法定主義
を規定している。被疑者の人権を保障するために，日本国憲法第33条および第
35条で逮捕や捜索・押収には裁判官の発する令状がなければならないとする令
状主義を定めている。また，弁護人依頼権が保障されている（憲34）。さらに，
自白偏重による捜査を防ぐために，捜査過程における拷問は禁止され（憲36），
自己に不利益な供述は強要されず（黙秘権の保障。憲38①），強制，拷問もしく
は脅迫による自白または不当に長く抑留もしくは拘禁された後の自白の証拠能
力を否定している（憲38②）。

　起訴後の刑事被告人の人権を保障するために，刑事被告人に，公平な裁判所
の迅速な公開裁判を受ける権利（憲37①），証人審問権（憲37②），弁護人依頼権
（憲37③）を保障している。裁判での事実認定は，証拠によらなければならない
（証拠主義）が，唯一の証拠が自白である場合には有罪とされない（憲38③）。ま
た，行為時に適法であった行為が，行為後に制定された法律で処罰されること
はなく（遡及処罰の禁止。憲39前），一度裁判が確定した事件について，再び裁
判を受けることはない（一事不再理効。憲39後）。なお，犯罪被害者の権利に関
しては，平成16（2004）年に，犯罪被害者の権利・利益の保護を図ることを目
的とした犯罪被害者等基本法が制定された。平成20（2008）年には，被害者参

加制度が施行され，殺人などの一定の重大犯罪の被害者などが「被害者参加人」として刑事裁判に出席し，証人尋問，被告人質問，意見陳述などを行えるようになった（刑訴316の33以下）。

> ☑発展：取り調べの可視化
>
> 　勾留中の被疑者は，法務省が管轄している拘置所に収容されることになっているが，実際には，警察の留置所が代用刑事施設として使用されることが多い（刑事収容15）。代用刑事施設への収容は，捜査機関による自白強要の原因として指摘されている。そこで，捜査機関による取り調べの過程を録音・録画して，その状況を第三者が検証できる取り調べの可視化が主張されるようになった。平成28（2016）年に刑事司法改革関連法が成立し，裁判員裁判対象事件および検察の独自捜査事件について逮捕後の取り調べの全過程において録音・録画が義務づけられるようになった（刑訴301の２）。

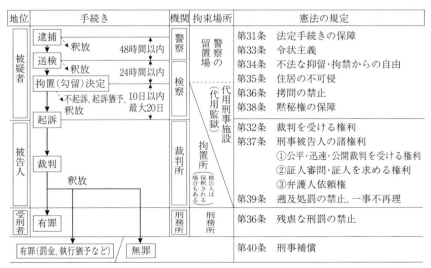

図2　刑事手続きの流れ

出典：杉田敦ほか『政治・経済』東京書籍，令和5（2023）年，34頁。

（3）経済の自由

　人が生きていくためには，経済的基盤が必要であることから，経済の自由が
保障されている。日本国憲法は，経済の自由として，居住・移転の自由および
職業選択の自由（憲22①），ならびに財産権の不可侵（憲29）を保障している。
職業選択の自由には，選択した職業を行う営業の自由も含まれる。経済活動の
無制限の自由は，他人の利益・権利を侵害し，また，経済的・社会的不平等を
生み出すことから，経済の自由は「公共の福祉」による制約を受ける（憲22
①・29②）。

☑判例紹介：薬事法違憲訴訟

　昭和38（1963）年当時の薬事法は，過当な販売競争によって不良医薬品が供
給されることを防止するために，薬局の開設について一定の距離制限を設けて
いたが，最高裁判所は，薬事法の距離制限は，不良医薬品の供給の防止等の目
的のために必要かつ合理的な規制を定めたものということができないとして，
違憲であると判示した（最大判昭和50年4月30日民集29巻4号572頁）。昭和50
（1975）年6月，薬事法は改正され，関連条文は削除された。なお，薬事法は，
平成25年法律第84号により，医薬品，医療機器等の品質，有効性及び安全性の
確保等に関する法律に題名改正された。

2.3　社会権

　社会権は，国家に対して，社会的・経済的に弱い立場にある者が人間として
ふさわしい生活を保障することを要求する権利である。社会権は，福祉国家の
理念に基づき，国家に対して積極的な施策を要求する権利である。日本国憲法
は，社会権として，生存権（憲25），教育を受ける権利（憲26），労働基本権を
保障している。

　日本国憲法第25条第1項は，「健康で文化的な最低限度の生活を営む権利」
として，生存権を国民に保障している。この権利を実現するために，国は，社
会保険，公的扶助，社会福祉，公衆衛生の4つを柱として社会保障制度を充実

させてきた。

☑判例紹介：朝日訴訟

　朝日茂氏は，入院中に月額600円の日用品費と医療の扶助を受けていた。昭和31（1956）年に実兄からの仕送り（月額1500円）が開始されると，月額600円の日用品費の支給は打ち切られ，医療費900円を負担することになった。そのため，生活費として使用できる金額は，仕送り前と同じ月額600円となってしまった。そこで，月額600円の生活保護基準では，健康で文化的な最低限度の生活を維持できないとして，国を相手に訴えを起こした。

　最高裁判所は，朝日氏が上告中に死亡したことを理由に，本件訴訟の終了を言い渡したが，「なお，念のために」として，憲法第25条第1項は，直接個々の国民に対して具体的権利を賦与したものではなく，具体的権利としては，生活保護法によってはじめて与えられとする。その上で，健康で文化的な最低限度の生活なるものは，抽象的な相対的概念であり，その具体的内容は，文化の発達，国民経済の進展に伴って向上するのはもとより，多数の不確定的要素を綜合考量してはじめて決定できるものであるので，何が健康で文化的な最低限度の生活であるかの認定判断は，いちおう，厚生大臣の合目的的な裁量に委されており，その判断は，当不当の問題として政府の政治責任が問われることはあっても，直ちに違法の問題を生ずることはないと判示した（最大判昭和42年5月24日民集21巻5号1043頁）。

　日本国憲法は，すべての国民に，その能力に応じて等しく教育を受ける権利を保障している（憲26①）。また，この権利を保障するために，義務教育の無償を定めている（憲26②）。

　労働基本権として，勤労の権利（憲27）と，労働三権（団結権，団体交渉権，団体行動権（争議権）。憲28）を保障している。これらの権利を実現するために，職業安定法や労働三法（労働基準法，労働組合法，労働関係調整法）などが制定されている。

2.4　参政権

　参政権とは，政治に参加する権利であり，国民主権の原理を具体化するものである。日本国憲法は，国民固有の権利として，公務員の選定・罷免権（憲15①）を規定するほかに，普通選挙（憲15③）・秘密投票の原則（憲15④）・平等選挙（憲44）を保障している。また，最高裁判所裁判官の国民審査（憲79②・③・④），地方特別法の住民投票（憲95），憲法改正の国民投票（憲96）などの直接民主的な権利も定められている。

　☑用語解説：普通選挙・秘密投票・平等選挙

　　納税額，財産，性別などによって選挙権・被選挙権を制限する制度を制限選挙というのに対して，一定の年齢に達していれば誰にでも選挙権・被選挙権を認める制度を普通選挙という。

　　秘密投票とは，選挙において選挙人が誰に投票したか分からないようにする制度である。公職選挙法第46条第 4 項は，「投票用紙には，選挙人の氏名を記載してはならない。」として，無記名投票を規定している。同法第52条は，「何人も，選挙人の投票した被選挙人の氏名又は政党その他の政治団体の名称若しくは略称を陳述する義務はない。」として，投票の秘密保持を定めている。

　　平等選挙とは，選挙人が同じ票数をもち，投票の価値に差を設けないことをいう。公職選挙法第36条は，「投票は，各選挙につき，一人一票に限る。ただし，衆議院議員の選挙については小選挙区選出議員及び比例代表選出議員ごとに，参議院議員の選挙については選挙区選出議員及び比例代表選出議員ごとに一人一票とする。」として，一人一票を定める。投票価値の平等の観点からは，議員一人あたりの有権者数は同数であるべきである。しかし，選挙区間の議員定数と有権者数の比率に不均衡が生じており，選挙区ごとの一票の価値の比率の格差が問題となっている（一票の格差，議員定数不均衡）。最大判昭和51年 4 月14日民集30巻 3 号223頁（衆議院議員定数不均衡違憲判決）は，各選挙人の投票価値の平等は憲法の要求するところであるとして，最大格差が約 5 倍になった選挙区割および議員定数の配分は違憲と判示した一方で，選挙自体は無効としなかった。

2.5 請求権

　請求権とは，権利や利益を侵害されたときに，国や地方公共団体に，その救済を求めたり，特定の施策の実現を求めたりする権利である。権利や利益を侵害された場合に，その救済を求めて裁判所に訴えることができる裁判を受ける権利（憲32），公務員の違法な行為などによって損害を受けた国民が，国や地方公共団体に対して損害賠償を請求できる国家賠償請求権（憲17），公共事業などのために国や地方公共団体に私有財産を収用されるなどして，財産上の損失を受けた場合に，その損失の補償を求めることができる損失補償請求権（憲29③），抑留・拘禁された者が裁判で無罪になったときに，国にその補償を求める刑事補償請求権（憲40），損害の救済や法律などの制定・廃止等に関して国や地方公共団体に求める請願権（憲16）がある。

2.6 新しい人権

　日本国憲法の制定時には予想できなかった事象や問題に対応して，新しい人権が唱えられるようになってきた。

（1）環境権

　高度経済成長にともない，公害が日本各地で問題化し，住民の生命・身体に直接的な被害が生じ，生活環境も悪化したことから，日本国憲法第25条の生存権や同法第13条の幸福追求権を根拠に，良好な環境を享受する環境権が主張されるようになった。平成9（1997）年に制定された環境影響評価法（環境アセスメント法）は，ダム・空港・発電所など大規模な開発行為が環境に与える影響を事前に調査・評価し，評価結果の公開を義務づけている。

　☑判例紹介：大阪国際空港公害訴訟

　　大阪国際空港周辺に居住する住民が，飛行機による騒音・振動・排気ガスなどの被害に対して，夜9時から朝7時までの航空機の離着陸の差止めと国家賠

償法などに基づく損害賠償を請求した事件で，大阪高等裁判所は，人格権侵害を理由に，夜9時から朝7時までの航空機の離着陸の差止めと，過去の損害についてのみならず将来の損害についても損害賠償を認めた（大阪高判昭和50年11月27日判時797号36頁）。

　しかし，最高裁判所は，「空港の離着陸のためにする供用は運輸大臣の有する空港管理権と航空行政権という二種の権限の，総合的判断に基づいた不可分一体的な行使の結果であるとみるべきである」ことから，狭義の民事訴訟の手続により一定の時間帯につき本件空港を航空機の離着陸に使用させることの差止めを求める請求にかかる部分は，不適法というべきであるとして，差止請求にかかる訴えを却下し，過去の損害賠償のみを認めた（最大判昭和56年12月16日民集35巻10号1369頁）。

（2）知る権利

　現代では，国や地方公共団体が大量の情報を収集・保有している。その情報の中には，国民にとって重要であり，国民もまた共有する必要があるものがある。そこで，国や地方公共団体に対して保有している情報の公開を求める権利として，知る権利が主張されるようになってきた。表現活動の前提として，情報をもっていることが必要であるので，知る権利は，表現の自由を根拠に認められる。

　知る権利を具体的に保障するためには，情報公開制度が重要である。多くの地方公共団体で情報公開条例が制定された後，国も平成11（1999）年に情報公開法を制定した。他方で，平成25（2013）年に，安全保障に関する防衛・外交・特定有害活動防止・テロ防止に関する情報で，国の安全保障のために，特に秘匿することが必要であるものを特定秘密として，その漏えい等に対する罰則を定めた特定秘密の保護に関する法律が制定された。

（3）プライバシーの権利

　プライバシーの権利は，当初は，私生活をみだりに公開されない権利として理解されていた。その後，高度情報社会の進展とともに，自己に関する情報を

コントロールする権利という側面も重視されるようになってきた。プライバシーの権利の実定法上の根拠は，日本国憲法第13条（幸福追求権）に求められている。

☑判例紹介：『宴のあと』事件

　三島由紀夫の小説『宴のあと』のモデルとされた元外務大臣が，自分の私生活を描かれてプライバシーを侵害されたとして，謝罪広告と損害賠償を請求した事件で，東京地方裁判所は，「いわゆるプライバシー権は私生活をみだりに公開されないという法的保障ないし権利として理解される」として，損害賠償請求を認めた。ただし，謝罪広告の請求は棄却した（東京地判昭和39年9月28日下民集15巻9号2317頁）。

　昭和63（1988）年に，行政機関の保有する電子計算機処理に係る個人情報の保護に関する法律が制定された。平成15（2003）年には，行政機関の保有する個人情報のみならず，民間の保有する個人情報をも保護する個人情報保護法など個人情報保護関連5法が新たに制定された。また，各地方公共団体では個人情報保護条例が定められている。

　他方で，平成11（1999）年には，組織的犯罪について，捜査機関が電話，ファックス，インターネットなどの通信の傍受をできるようにした通信傍受法が成立した。平成14（2002）年には，住民基本台帳法に基づく住民基本台帳ネットワークの運用が開始された。さらに，平成25（2013）年には，行政手続における特定の個人を識別するための番号の利用等に関する法律（マイナンバー法）に基づき，住民票を有するすべての人に12桁の個人番号（マイナンバー）を付与し，社会保障，税，災害対策の3分野で，複数の機関に存在する個人の情報が同一人の情報であることを確認するための制度が作られ，平成28（2016）年からマイナンバーの利用が開始されている。

　近時，情報技術の進展によってインターネット上に膨大な情報が蓄積されて

いる。その情報の中には犯罪歴などの個人情報も含まれており，いつまでも残存している。そこで，検索事業者に対して検索結果等の削除を求める権利（忘れられる権利）が認められるかが議論されている。最高裁判所は，当該事実を公表されない法的利益が優越することが明らかな場合には，検索事業者に対し，当該 URL 等情報を検索結果から削除することを求めることができると判示した（グーグル検索結果削除請求事件。最決平成29年1月31日民集71巻1号163頁）。

☑用語解説：個人情報保護関連5法

　個人情報保護関連5法とは，個人情報の保護に関する法律，行政機関の保有する個人情報の保護に関する法律，独立行政法人等の保有する個人情報の保護に関する法律，情報公開・個人情報保護審査会設置法，および行政機関の保有する個人情報の保護に関する法律等の施行に伴う関係法律の整備等に関する法律である。

（4）自己決定権

　自己決定権とは，個人が自分の生き方を自ら決定する権利をいう。髪型の自由は自己決定権に含まれる。人生の最終段階における延命治療を含む終末期医療も，自己決定権の問題として議論されている。人生の最終段階における医療・ケアについては，医療従事者から適切な情報提供と説明がなされたうえで，本人と医療・ケアチームとの合意形成に向けた十分な話し合いを踏まえた本人による意思決定（インフォームド・コンセント）を基本とし，多専門職種から構成される医療・ケアチームとして方針の決定を行うことが重要である。

☑判例紹介：エホバの証人輸血拒否訴訟

　輸血を拒否するという固い意思を有している患者に，医師が他に救命手段がない場合には輸血するとの方針をとっていることを説明しないで，当該患者に

手術を施し輸血をしたことから，患者が損害賠償を請求した事件について，最高裁判所は，輸血を伴う医療行為を拒否する意思決定は，人格権の一内容として尊重されなければならないとして，医師側に損害賠償責任を認めた（最判平成12年2月29日民集54巻2号582頁）。

第 4 章

日本の政治機構

① 国会と立法

1.1 国会の地位と構成

　日本国憲法は，国民主権の原理を採用していることから，国の政治のあり方を最終的に決定するのは国民である。国民が直接に政治の運営に関与する直接民主制は，人口が多く領土が広い国家では採用するのが難しいことから，間接民主制が一般的に採用されている。日本国憲法も間接民主制を採用し，主権者である国民が代表者を選挙で選び（憲43①），その代表者で構成される国会で国の政治のあり方が決定されている。そのため，国会は，「国権の最高機関」である（憲41）。また，国会は，衆議院と参議院の両議院で構成されている（二院制・両院制。憲42）。

表5　国会の構成

	衆議院	参議院
定　数	465名。	248名。
任　期	4年。解散すれば地位を失う。	6年。3年ごとに半数改選。
選挙権	18歳以上。	18歳以上。
被選挙権	25歳以上。	30歳以上。
選挙区	小選挙区289名。比例代表176名。	選挙区148名。比例代表100名。
解　散	あり。	なし。
内閣不信任	あり。	なし。

1.2　国会の権限

　国会は，「国の唯一の立法機関」（憲41）として，法律を制定する権限が認められている（憲59）。また，国会は，条約を承認する権限（憲61）や憲法改正の発議権（憲96）をもっている。

　財政民主主義の原則から，国の財政処理は，国会の議決に基づいて行われなければならない（憲83）。国民に対する課税は必ず法律に基づかなければならない（租税法律主義。憲84）。政府の一会計年度における歳入と歳出の計画である予算は，国会の議決によって成立する（憲86）。

　日本国憲法は，内閣が議会の信任に基づき，内閣が連帯して議会に責任を負う議院内閣制を採用している（憲66③）ことから，国会は，内閣総理大臣を指名する権限（憲67），衆議院による内閣不信任決議権（憲69）をもっている。三権分立から，司法機関への権限として，国会に，裁判官の罷免・訴追に関して裁判をおこなう弾劾裁判所が設置される（憲64）。さらに，両院には，国政についての調査を行い，これに関して証人の出頭，証言や記録の提出を求めることができる国政調査権（憲62）が認められている。

1.3　国会の運営

　国会には，常会（憲52），臨時会（憲53），特別会（憲54①），参議院の緊急集会（憲54②）がある。

　議案の実質的な審議は，委員会（常任委員会，特別委員会）で行われ，委員会での審査結果は本会議に報告される（委員会制度）。本会議は，原則として，各議院の総議員の3分の1以上の出席で開かれ（憲56①），出席議員の過半数により議決される（憲56②）。ただし，議案が可決されるためには，出席議員の3分2以上の賛成が必要な場合として，議員の資格争訟の裁判（憲55），秘密会の開催（憲57①但），議員の除名（憲58②但），衆議院での法律案の再可決（憲59②）がある。憲法改正の発議に関しては，各議院の総議員の3分の2以上の賛成が必要である（憲96①）。

　衆参両議院の議決が一致したときに，国会の議決となる。両議院の議決が異

表 6　国会の種類

種　類	内　容
常　会	毎年 1 回，1 月中に招集され（憲52，国会 2），予算の審議などを行う。会期は150日間（国会10）。
臨時会	内閣の必要に基づく場合（憲53），いずれかの議院の総議員の 4 分の 1 以上の要求がある場合（憲53），または衆議院議員の任期満了による総選挙後（国会 2 の 3 ①），または参議院議員の通常選挙後（国会 2 の 3 ②）に招集される。
特別会	衆議院の解散による総選挙後30日以内に招集され（憲54①），新しい首相の指名を行う。
緊急集会	衆議院の解散中に，国に緊急の必要があるとき，内閣の要求により開かれる（憲法54②但）。

なった場合，衆議院の優越が認められている。

　第 1 は，法律案である。法律案は，両議院で可決したとき法律となる（憲59①）。衆議院で可決し，参議院でこれと異なった議決をした場合（憲59②），または参議院が，衆議院の可決した法律案を受け取った後，国会会期中の期間を除いて60日以内に議決しない場合（憲59④），衆議院で出席議員の 3 分の 2 以上の多数で再可決すれば，法律は成立する。なお，両議院の議員10名ずつで組織される両院協議会を開くことは可能である（憲59③）。

　第 2 は，予算である。予算は，内閣が作成して国会に提出され（憲73Ⅴ），先に衆議院で審議される（衆議院の予算先議権。憲60①）。予算について，衆議院と参議院が異なった議決をした場合，必ず両院協議会が開かれなければならない（国会85）。両院協議会を開いても意見が一致しないとき，または参議院が，衆議院の可決した予算を受け取った後，国会休会中の期間を除いて30日以内に議決しないとき，衆議院の議決が国会の議決となる（憲60②）。

　第 3 は，条約締結の承認である。条約を締結する権限は，内閣にある（憲73Ⅲ）が，事前または事後に国会の承認を経ることが必要である（憲73Ⅲ但）。条約について，衆議院と参議院が異なった議決をした場合，必ず両院協議会が開かれなければならない（国会85）。両院協議会を開いても意見が一致しないとき，または参議院が，衆議院の可決した条約を受け取った後，国会休会中の期間を

除いて30日以内に議決しないとき，衆議院の議決が国会の議決となる（憲61・60②）。

第4は，内閣総理大臣の指名である。内閣総理大臣は，国会議員の中から国会の議決で指名する（憲67①）。内閣総理大臣の指名について，衆議院と参議院とが異なる議決をした場合，必ず両院協議会が開かれなければならない（国会86②）。両院協議会を開いても意見が一致しないとき，または衆議院が指名の議決をした後，国会休会中の期間を除いて10日以内に，参議院が指名の議決をしないとき，衆議院の議決が国会の議決となる（憲67②）。

☑用語解説：予算

　一会計年度（4月1日から翌年3月31日まで）における政府の収入を歳入，支出を歳出といい，歳入と歳出の計画を予算という。予算は一般会計予算と特別会計予算からなる。一般会計予算は，基本的な行政活動について編制される予算である。特別会計は，特定の事業を行う場合や特定の資金を保有してその運用を行う場合などに，法律で特別に設けられたもので，一般会計から切り離されている。国の予算は，内閣が作成して，国会に提出し，国会の審議・議決を経なければならない。

1.4　法律の制定過程

　国会は立法機関であるので，国会の役割は，法律を制定することである。法律案は，①各議院の議員が発議する場合（国会56①），②各議院の委員会や参議院の調査会が提出する場合（国会50の2・54の4），および③内閣が提出する場合（憲72，内閣5）とがある。①および②による立法，またはそれによって成立した法律は，議員立法と呼ばれている。法律案が，衆議院または参議院に発議または提出されたときは，議長は，原則として，これを適当の委員会に付託し，その審査を経て本会議に付する（国会56②）。本会議に付された法律案が可決されると，他の議院に送付される（国会83①）。法律案は，憲法に特別の定め

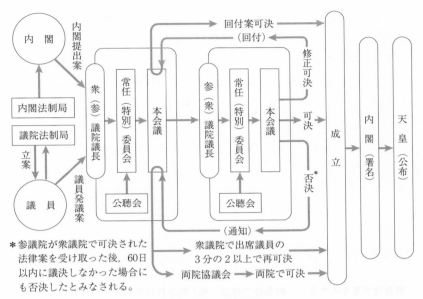

図3　法律の制定過程

出典：間宮陽介ほか『公共』東京書籍，令和5（2023）年，69頁。

がある場合（憲59②・③・95・54②・③）を除いて，両議院で可決したとき法律
となる（憲59①）。国会で成立した法律には，主任の国務大臣が署名し，内閣総
理大臣が連署し（憲74），天皇によって公布される（憲7Ⅰ）。公布にあたって
は，法令番号が付けられたのち，国が発行する機関誌である官報に掲載される。
施行期日は，附則で確定日として定めるか，または他の法令に委任される。

1.5　法律の内容を評価する視点

　国会でこれから法律を制定する場合，あるいは国会で法律が制定されたら，
その内容がよいものかどうかを評価する必要がある。法律を評価する視点とし
ては，次の4つがある。第一は，目的の正当性である。法律の目的は，法の機
能を踏まえた正当なものでなければならない。
　第二は，手段の相当性である。目的達成のために役に立つものでなければな
らず，役に立つとしても，手段として適切なものでなければならない。旧薬事

法（現行の「医薬品，医療機器等の品質，有効性及び安全性の確保等に関する法律」）
は，不良医薬品の供給の防止等を目的として，薬局開設の許可基準として距離
制限を設けていたが，最高裁判所は，この目的は公共の福祉に合致すると判示
する一方，その手段である距離制限は合理的でないとして，憲法第22条の職業
選択の自由に反し違憲であると判示した（薬事法距離制限違憲判決。最大判昭和50
年4月30日民集29巻4号572頁）。

　第三は，意味内容の明確性である。法律の内容が明確でないと，その適用を
めぐり混乱が生じるうえ，紛争の解決も困難となる。もっとも，実際の法律の
規定には，様々な理由から，あえて明確化せずに抽象的な表現を用いる場合も
ある。たとえば，民法第1条第3項は，「権利の濫用は，これを許さない。」と
規定する。

　第四は，平等性である。法律は，立場を入れ替えても，受け入れられるもの
でなければならない。立場が替わったならば，受け入れることができないよう
な法律は，平等性を欠いた法律である。民法旧第900条第4号ただし書きは，
法律上の婚姻をしていない男女の子（婚外子）の遺産相続分を，法律上婚姻し
ている夫婦の子（嫡出子）の半分とすると規定していたが，最高裁判所は，「父
母が婚姻関係になかったという，子にとっては自ら選択ないし修正する余地の
ない事柄を理由としてその子に不利益を及ぼすことは許され」ないとして，憲
法第14条第1項に違反すると判示した（婚外子法定相続分差別訴訟。最大決平成25
年9月4日民集67巻6号1320頁）。婚外子と嫡出子を入れ替えて考えてみたら，遺
産相続分に関するこのような規定は，受け入れることはできず，平等性を欠い
たものである。

② 内閣と行政

2.1 議院内閣制

　日本国憲法は，内閣が議会の信任に基づき，内閣が連帯して議会に責任を負
う議院内閣制を採用している。日本国憲法は，「内閣は，行政権の行使につい

て，国会に対して連帯して責任を負ふ。」（憲66③）と規定し，内閣総理大臣は，
「国会議員の中から国会の議決で，これを指名する。」（憲67①）と定めている。

　内閣の存立の根拠が国会の信任にあるため，国会の信任が失われたとき，内
閣は信任の根拠を失う。そこで，衆議院が内閣不信任の決議案を可決したとき，
または内閣信任の決議案を否決したとき，内閣は10日以内に衆議院を解散する
か，または総辞職をしなければならない（憲69）。ところで，内閣は，日本国
憲法第69条以外の場合にも，日本国憲法第7条第3号（天皇の国事行為への助言
と承認）を根拠に，内閣不信任決議と関係なく，衆議院を解散することができ
る（7条解散）。

　☑判例紹介：苫米地訴訟

　衆議院が，昭和27年8月28日に日本国憲法第7条に基づいて解散されたこと
により，衆議院議員の資格を喪失した苫米地義三が，日本国憲法第7条に基づ
く衆議院の解散は無効であり，衆議院議員の身分を失っていないとして，衆議
院議員の任期満了までの歳費の支払を請求した事案について，最高裁判所は，
衆議院の解散は極めて政治性の高い国家統治の基本に関する行為であるから，
それが法律上無効であるかどうかは，裁判所の審査権の外にある（統治行為論）
と判示し，苫米地の上告を棄却した（最大判昭和35年6月8日民集14巻7号
1206頁）。

2.2　内閣の権限と行政組織

　日本国憲法第65条は，「行政権は，内閣に属する。」と定めている。行政権と
は，国家の権能のうち立法権・司法権を除いたもので，国会が制定した法律を
執行することである。法律は，抽象的・一般的に規定されているが，それを具
体的な事実にあてはめて，執行するのが行政の中心的な作用である。

　憲法上，内閣の権限として規定されているのは，①一般行政事務（憲73），
②法律の誠実な執行と国務の総理（憲73Ⅰ），③外交関係の処理（憲73Ⅱ），④条
約の締結（憲法73Ⅲ），⑤法律の定める基準に従った官吏に関する事務（憲73Ⅳ），

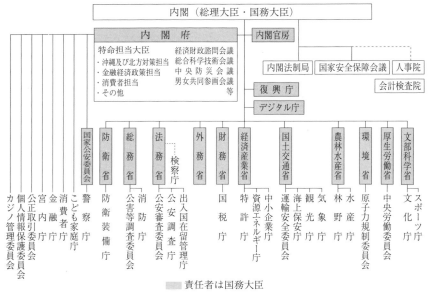

図4　日本の行政機構

出典：中野勝郎ほか『高等学校　政治・経済』清水書院，令和5（2023）年，69頁。

⑥予算の作成（憲73Ⅴ・86），⑦政令の制定（憲73Ⅵ），⑧大赦，特赦，減刑，刑の執行の免除および復権の決定（憲73Ⅶ），⑨最高裁判所長官の指名（憲6②），⑩下級裁判所裁判官の任命（憲80①），⑪天皇の国事行為に対する助言と承認（憲3）などである。

　内閣は，内閣総理大臣とその他の国務大臣で構成される（憲66①）。内閣の職務は，内閣総理大臣が主宰する閣議によって行われる（内4）。

☑用語解説：天皇の国事行為

　天皇は国政に関する権能を一切もたず，内閣の助言と承認に基づき「国事に関する行為」（国事行為）のみを行う（憲4①）。憲法が定める国事行為は，国事行為の委任（憲4②），内閣総理大臣の任命（憲6①），最高裁判所長官の任

命（憲6②），憲法改正・法律・政令・条約の公布（憲7Ⅰ），国会の召集（憲
7Ⅱ），衆議院の解散（憲7Ⅲ），国会議員の総選挙の施行の公示（憲7Ⅳ），国
務大臣その他の官吏の任免および全権委任状，大使・公使の信任状の認証（憲
7Ⅴ），大赦・特赦・減刑・刑の執行および復権の認証（憲7Ⅵ），栄典の授与
（憲7Ⅶ），批准書その他の外交文書の認証（憲7Ⅷ），外国の大使・公使の接受
（憲7Ⅸ），儀式の挙行（憲7Ⅹ）である。

2.3　内閣総理大臣

　内閣総理大臣は，国会議員の中から国会の議決で指名され（憲67①），天皇が
任命する（憲6①）。

　内閣総理大臣は，内閣の首長として，国務大臣を任命・罷免する権限を有す
る（憲68）。内閣総理大臣は，内閣を代表して議案を国会に提出し，一般国務
および外交関係について国会に報告し，行政各部を指揮監督する（憲72）。内
閣総理大臣には，閣議での発議権が認められている（内4②）。

2.4　行政の民主化・行政改革

　初期の近代国家では，政府の役割は，防衛と治安維持などに限られていた。
しかし，現代では，国家に対して，福祉や教育の充実，安定的な経済成長の促
進などを要求するようになり，国家は国民の生活に積極的に介入し，行政機能
は肥大化していった。

　立法に関しても，日本では，国会議員が法案を提出する議員立法（国会56）
よりも，法案を内閣が提出する閣法（憲72，内5）の方が多い。内閣提出法律
案を実際につくるのは，専門的・技術的な専門知識を有する国家公務員（官
僚）である。

　また，官僚が政府委員として大臣に代わり答弁する政府委員制度が，国会審
議の活性化及び政治主導の政策決定システムの確立に関する法律（国家審議活
性化法）により，平成13（2001）年に廃止されたが，その代わりに，政府特別
補佐人制度および政府参考人制度が導入された。政府特別補佐人制度とは，内

閣が両議院の議長の承認を得て，内閣総理大臣その他の国務大臣を補佐するために，人事院総裁，内閣法制局長官，公正取引委員会委員長，原子力規制委員会委員長および公害等調整委員会委員長を，議院の本会議または委員会に出席させる制度である（国会69②）。政府参考人制度とは，行政に関する細目的または技術的事項について必要がある場合に，官僚が議院の委員会に出席して内閣総理大臣や国務大臣に代わり答弁する制度である（衆規45の3，参規42の3）。

　さらに，法律では大枠だけを規定し，細目的な事項は，法律の委任に基づき，行政機関が制定する命令で定める委任立法が増加している。このように法令を作成する際に，官僚が果たしている役割は大きい。

　行政機能が肥大化するとともに，政策決定において官僚が果たす役割が大きくなるにつれて，政治家・官僚・財界が結びつき，政治や行政の癒着や腐敗が生じたことから，行政改革や行政の民主化が求められるようになった。平成5（1993）年には，行政運営における公正の確保と透明性の向上を図るために，民間企業の事業に対する許認可や行政指導に関する手続を規律した行政手続法が制定された。また，平成10（1998）年に中央省庁等改革基本法が制定され，内閣機能が強化されるとともに，同法に基づき，平成13（2001）年1月から1府22省庁から1府12省庁に再編された。平成11（1999）年には，行政機関の保有する情報の公開に関する法律（情報公開法）が制定され，国の行政機関は，保有する文書等の原則公開を義務づけられることになった。一部の地方自治体では，住民の苦情を受けて行政機関の活動を調査・報告するオンブズパーソン（オンブズマン，行政監察官）制度が導入されている。オンブズパーソン制度は，平成2（1990）年に川崎市で初めて導入された。

　平成18（2006）年には，簡素で効率的な政府を実現するための行政改革の推進に関する法律（行政改革推進法）が成立し，政府系金融機関の統廃合・民営化，公務員の削減などが行われた。

　さらに，行政改革の一つの目的が，政治主導による政策決定であることから，平成20（2008）年に国家公務員制度改革基本法が成立し，内閣による人事管理機能が強化された。平成26（2014）年には，内閣官房に内閣人事局が設置され，

国家公務員の幹部人事は一元管理されるようになった。

③　裁判所と司法

3.1　司法の役割

　近代国家では，私人が紛争を実力で解決することは許されない（自力救済の禁止）。そこで，国家が，社会における紛争を，法を適用することにより解決し，国民の権利や自由を保障するとともに，社会秩序を維持する必要がある。このような国家の権限を司法権という。

　裁判所には，最高裁判所と下級裁判所がある（憲76①）。最高裁判所の長官は，内閣の指名に基づいて天皇が任命し（憲6②），それ以外の最高裁判所の裁判官は，内閣が任命する（憲79①）。下級裁判所には，高等裁判所，地方裁判所，家庭裁判所および簡易裁判所がある（裁2①）。知的財産に関する事件についての裁判の一層の充実および迅速化を図るため，平成17（2005）年に，知的財産に関する事件を専門的に取り扱う知的財産高等裁判所が，東京高等裁判所の特別の支部として設置された（知財高裁2）。下級裁判所の裁判官は，最高裁判所の指名した者の名簿の中から，内閣が任命する（憲80①）。

3.2　司法権の独立

　裁判が公正に行われるためには，①裁判所が他の国家機関から独立していることと，②個々の裁判官が，他の裁判官を含むいかなる国家機関からも干渉を受けないことが必要である（司法権の独立）。

　大日本帝国憲法下では，最上級の司法裁判所としては，明治8年に設置された大審院があった。他方で，行政裁判所（明憲61），陸海軍の軍法会議や皇族間の民事訴訟等のために置かれる皇室裁判所といった通常の裁判所の系列に属さない特別裁判所（明憲60）が存在した。これに対して，日本国憲法は，司法権の独立を保障するために，すべて司法権は，最高裁判所および下級裁判所に属するとし（憲76①），特別裁判所を禁止し，行政機関が終審として裁判を行うこ

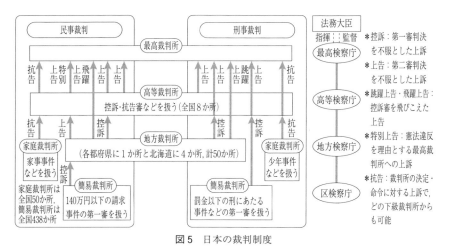

図5　日本の裁判制度

出典：間宮陽介ほか『公共』東京書籍，令和5（2023）年，105頁。

とを禁止している（憲76②）。また，最高裁判所は，訴訟手続きや裁判所の内部
規律などに関する事項について規則制定権を有するとともに（憲77），下級裁
判所の裁判官の指名権をもっている（憲80）。

　裁判官は，「その良心に従ひ独立してその職権を行ひ，この憲法及び法律に
のみ拘束される。」（憲76③）として，職権の独立が保障されている。さらに，
憲法は，裁判官の身分保障を定めている。裁判官は，裁判により，心身の故障
のために職務を執ることができないと裁判により決定された場合，または，弾
劾裁判所の裁判によらなければ罷免されない（憲78，国会125以下，裁弾2）。行
政機関による裁判官の懲戒処分も禁止されている（憲78）。最高裁判所の裁判
官については，国民審査の制度がある。国民審査は，任命後最初の衆議院議員
総選挙の際に行われ，その後10年を経過するごとに国民審査が行われ（憲79②），
投票者の多数（有効投票の過半数）が罷免を可とする場合には罷免される（憲79
③）。

　裁判官の報酬は，在任中，減額されることなく（憲79⑥・80②），また，一定
の年齢に達するまで身分が保障される（憲79⑤・80①但）。裁判官の報酬は，具
体的には，裁判官の報酬等に関する法律で定められている。裁判官の定年は，

最高裁判所の裁判官は70歳，高等裁判所，地方裁判所および家庭裁判所の裁判官は65歳，簡易裁判所の裁判官は70歳である（裁50）。

☑発展：大津事件

　明治24（1891）年，来日したロシア皇太子が滋賀県大津で巡査に襲われて負傷した。ロシアとの関係悪化をおそれた政府は，日本の皇族に対する大逆罪（明治13年刑法116）を適用して被告人に死刑判決を下すよう裁判所に圧力をかけた。しかし，大審院長の児島惟謙は政府の圧力を排して，謀殺未遂（明治13年刑法112・292）を適用するよう担当判事を説得した。その結果，大審院は無期徒刑の判決を下した。児島惟謙は，一方では，政府の圧力から司法権の独立を守ったが，他方で，担当判事に働きかけをしたことから，裁判官の職権の独立を脅かすものであった。

3.3　民事裁判と刑事裁判

　裁判は民事裁判と刑事裁判に大別される。民事裁判とは，金銭の貸借，遺産相続など，おもに財産や身分についての民事上の争いを解決するための裁判である。民事裁判では，訴えた側が原告，訴えられた側が被告であり，原告が訴えたとき（訴えの提起）に開始される。民事裁判では，裁判官は，原告と被告の双方から主張を聞き，証拠を調べたりした上で，判決などを言い渡す。当事者が和解することで，裁判が終了する場合もある。また，調停によって民事上の争いが解決されることもある。

　刑事裁判では，窃盗や殺人などの罪を犯したと疑われて起訴された被告人について，証拠に基づき，有罪か無罪かを決め，有罪の場合にはどの程度の刑罰を科すかを決める。刑事被告人の人権が不当に制限されないようにするために，憲法は，被疑者や刑事被告人の権利を規定している。

　このほか，行政に関する訴訟である行政裁判がある。

☑刑法の基本的な考え方

　刑法は，犯罪と刑罰を定めている。犯罪は，保護する法益の種類によって，個人的法益に対する罪，社会的法益に対する罪および国家的法益に対する罪に分類される。個人的法益に対する罪とは，たとえば，殺人罪（刑199），傷害罪（刑204），不同意性交等罪（刑177），窃盗罪（刑235），詐欺罪（刑246）などである。社会的法益に対する罪とは，たとえば，公文書偽造等罪（刑155），わいせつ物頒布等罪（刑175）などである。国家的法益に対するとは，たとえば，内乱罪（刑77），公務執行妨害罪（刑95），収賄罪（刑197）などである。

　刑罰には，死刑，懲役，禁錮，拘留，罰金，科料および没収がある（刑9）。死刑は，人の生命を奪う刑罰である（刑11）。懲役，禁錮および拘留は，刑事施設に収容して自由を制約する刑罰（自由刑）である。懲役は，所定の作業を課するのに対して（刑12），禁錮と拘留は所定の作業を課さない（刑13・16）。拘留は，30日未満，刑事施設に拘置される。罰金と科料は，財産を剥奪する刑罰である（刑15・17）。没収は，付加刑であるから，独立して科すことはできない。刑罰はこのように人権に対する重大な制約であるので，恣意的に刑罰が科されることがないようにするために，どのような行為が犯罪となり，どのような刑罰が科されるのかを，事前に明確に法律で定めておかなければならない（罪刑法定主義）。罪刑法定主義の観点から，刑法においては，被告人に不利になるように，刑法の規定を類推解釈することは禁止される。

　ところで，刑罰としての懲役は，所定の作業を義務づけているのに対し，禁錮はそれを義務づけていない点で異なる。確かに，作業は，受刑者の改善更生を図る上で重要である。しかし，受刑者の改善更生・再犯防止という観点からは，個々の受刑者の特性に応じて，作業よりも改善指導（刑事収容103）や教科指導（刑事収容104）が必要な場合がある。受刑者の特性に応じた柔軟な処遇は，懲役受刑者のみならず，禁錮受刑者の改善更生・再犯防止にも役立つ。そこで，令和4（2022）年に，刑法等の一部を改正する法律が成立し，懲役および禁錮を廃止し，個々の受刑者の特性に応じ，改善更生・再犯防止のために必要な作業を行わせ，または必要な指導を行うことができるとする「拘禁刑」が創設された（改正刑12）。令和7（2025）年6月1日に拘禁刑は導入される。

　刑罰を科されると，生命・身体・財産の自由が侵害されることになるが，刑罰の目的については，刑罰は犯罪を行ったことに対する報いであるとする考え方（応報刑論）と，犯罪の予防にあるとする考え方（目的刑論）がある。目的

刑論における犯罪の予防には，刑罰を科すことにより犯罪者自身が将来再び犯罪を犯すことを防止するという側面（特別予防）と，刑罰の威嚇により社会一般に対して犯罪を抑止するという側面がある（一般予防）。

3.4　国民の司法参加

（1）検察審査会

昭和23（1948）年に始まった検察審査会制度は，検察官が不起訴処分にした事件について，犯罪被害者等から不服の申し立てがあった場合，18歳以上の有権者からくじで選ばれた11人の検察審査員（任期6か月）で構成される検察審査会（検審4）が，不起訴処分の当否を審査する（検審2①I）。審査会は，「起訴相当」「不起訴不当」「不起訴相当」のいずれかの議決を行う（検審39の5）。平成21（2009）年から検察審査会の議決へ法的拘束力が付与され，同一の事件について起訴相当と2回議決された場合には（いずれも11人中8人以上。検審39の5②・41の6①），裁判所が指定した弁護士によって強制的に起訴されるようになった（検審41の10①）。

（2）裁判員制度

平成16（2004）年に裁判員の参加する刑事裁判に関する法律（裁判員法）が成立し，平成21（2009）年から，国民が刑事裁判に直接に参加する裁判員制度がはじまった。裁判員制度の目的は，市民が刑事裁判に関与することによって，司法に対する国民の理解を増進し，その信頼を向上させることにある（裁判員1）。

18歳以上の有権者（裁判員13）からくじで選ばれた裁判員（裁判員37①）6名が，裁判官3名と一緒に（裁判員2②），殺人や強盗致傷などの重大事件について（裁判員2①），事実認定，有罪・無罪の決定および量刑をおこなう（裁判員6①）。裁判員裁判では，第1回の公判期日の前に，裁判所，検察官，弁護人が，争点を明確にした上，これを判断するための証拠を厳選し，審理計画を立てる公判前整理手続が必ず行われる。裁判員と裁判官は，事実を認定し，有罪

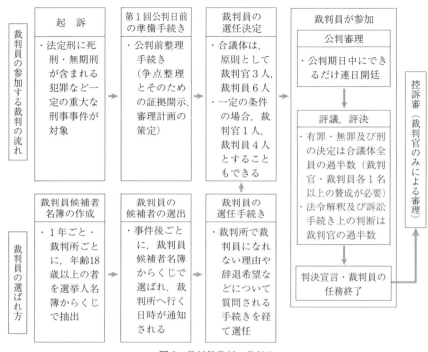

図6 裁判員裁判の仕組み

出典：大芝亮ほか『高等学校　新政治・経済　新訂版』清水書院，令和4（2022）年，47頁・一部変更。

か無罪か，有罪の場合の量刑を評議し，評決する。評議を尽くしても，意見の全員一致が得られなかったとき，評決は，多数決により行われる。ただし，有罪の場合には，裁判官1名以上が必ず賛成している必要がある（裁判員67①）。

☑判例紹介：裁判員制度合憲判決

　裁判員制度の合憲性が争われた事件で，最高裁判所（最大判平成23年11月16日刑集65巻8号1285頁）は，次のような理由で，合憲の判断を示した。

　①憲法は，一般的に国民の司法参加を許容しており，これを採用する場合には，適正な刑事裁判を実現するための諸原則が確保されている限り，陪審制と

するか参審制とするかを含め，その内容を立法政策に委ねている。

②裁判員制度の仕組みを考慮すれば，公平な「裁判所」における法と証拠に基づく適正な裁判が行われることは制度的に十分保障されている上，裁判官は刑事裁判の基本的な担い手とされており，憲法が定める刑事裁判の諸原則を確保する上での支障はない。したがって，裁判員制度は，憲法第31条（適正手続の保障），憲法第32条（裁判所において裁判を受ける権利），憲法第37条第1項（公平裁判所の裁判を受ける権利），憲法第76条第1項（司法権・裁判所），憲法第80条第1項（下級裁判所の裁判官の任期等）に違反しない。

③憲法が一般的に国民の司法参加を許容しており，裁判員法が憲法に適合するようにこれを法制化したものである以上，裁判官が時に自らの意見と異なる結論に従わざるを得ない場合があるとしても，それは憲法に適合する法律に拘束される結果であるから，憲法第76条第3項（裁判官の職権行使の独立）違反との評価を受ける余地はない。

④裁判員制度による裁判体は，地方裁判所に属し，その第1審判決に対しては，高等裁判所への控訴および最高裁判所への上告が認められているから，憲法第76条第2項で設置が禁止されている「特別裁判所」には当たらない。

⑤裁判員の職務等は，司法権の行使に対する国民の参加という点で参政権と同様の権限を国民に付与するものであり，一定の場合には辞退を認めるなど，辞退に関し柔軟な制度を設けるとともに，旅費等の支給により負担を軽減するための経済的措置が講じられているから，憲法第18条後段が禁ずる「苦役」に当たらない。

（3）犯罪被害者の保護・救済

犯罪被害者やその家族は，事件による直接的な心身の被害以外にも様々な被害を受けることから，犯罪被害者等の人権に配慮することが必要である。昭和55（1980）年に，犯罪被害者等給付金支給法（現在の題名は，「犯罪被害者等給付金の支給等による犯罪被害者等の支援に関する法律」）が制定され，給付金支給制度が導入された。平成12（2000）年に犯罪被害者等の権利利益の保護を図るための刑事手続に付随する措置に関する法律（犯罪被害者保護法）が制定され，刑事裁判の優先傍聴や公判記録の閲覧が犯罪被害者に認められた。平成16（2004）年に制定された犯罪被害者等基本法には，「すべて犯罪被害者等は，個人の尊

厳が重んぜられ，その尊厳にふさわしい処遇を保障される権利を有する。」との理念が定められた（犯罪被害基3①）。平成19（2007）年の刑事訴訟法の改正により，刑事手続への被害者参加制度が設けられた。被害者参加制度により，殺人，傷害，危険運転致死傷，不同意性交等・不同意わいせつ，逮捕・監禁，過失運転致死傷などの一定の犯罪の被害者やその遺族等は，刑事裁判に参加し（刑訴316の33），被害者参加人として公判期日に出席し（刑訴316の34），証人尋問（刑訴316の36），被告人質問（刑訴316の37），意見陳述（刑訴316の38）などができるようになった。

3.5 違憲審査権

　裁判所は，一切の法律，命令，規則または処分が憲法に適合するかしないかを決定する権限をもっている。これを違憲審査権という。違憲審査権の終審裁判所は，最高裁判所である（憲81）。このため，最高裁判所は「憲法の番人」とよばれている。しかし，日本の裁判所は，高度に政治的な行為については違憲審査の対象とならないとする考え方（統治行為論）を採用し，憲法判断を回避する傾向がある（判例紹介：苫米地訴訟参照（63頁））。

表7　最高裁判所のおもな違憲判例

事　例	違憲とされた法律・処分	根拠規定	最高裁判所の判断	判決・決定後の取り扱い
尊属殺重罰規定違憲判決（最大判昭和48年4月4日刑集27巻3号265頁）。	刑法第200条（尊属殺の重罰規定）。	憲法第14条（法の下の平等）。	尊属殺の法定刑が死刑または無期懲役というのは，普通殺の法定刑に比べて著しく重く，不合理な差別であり違憲である。	平成7（1995）年の刑法改正で同条を削除。
薬事法距離制限違憲判決（最大判昭和50年4月30日民集29巻4号572頁）。	薬事法第6条（薬局開設の距離制限）。	憲法第22条（職業選択の自由）。	薬局開設の許可基準として距離制限を設けていることは，不良医薬品の供給防止という立法目的のための合理的規定とはいえず，違憲である。	昭和50（1975）年に距離制限規定を削除。

衆議院議員定数不均衡違憲判決（最大判昭和51年4月14日民集30巻3号223頁）。	公職選挙法第13条・別表第1・附則第7～9項（選挙区と議員定数配分）。	憲法第14条（法の下の平等）・第15条（選挙権）・第44条（議員及び選挙人の資格）。	昭和47（1972）年総選挙時の4.49倍の1票の格差は，選挙権の平等の要求に反し，選挙は違法であるが，無効ではない。	定数配分について国会審議。
衆議院議員定数不均衡違憲判決（最大判昭和60年7月17日民集39巻5号1100頁）。	公職選挙法第13条・別表第1・附則第7～9項（選挙区と議員定数配分）。	憲法第14条（法の下の平等）。	昭和58（1983）年総選挙当時の4.40倍の1票の格差は，合理的期間内に是正が行われなかったものとして，違憲であり，選挙は違法であるが，無効ではない。	昭和61（1986）年定数是正。
共有林分割制限違憲判決（最大判昭和62年4月22日民集41巻3号408頁）。	森林法第186条（共有林の分割制限）。	憲法第29条第1項（財産権の保障）。	共有林の分割制限は，森林の細分化を防止して森林経営の安定を図るという立法目的を達成するために，必要限度を超えた不必要な規制で合理性がなく，違憲である。	昭和62（1987）年に森林法を改正。
愛媛玉ぐし料違憲判決（最大判平成9年4月2日民集51巻4号1673頁）。	靖國神社・護国神社が挙行した例大祭等に，県が玉ぐし料等を奉納した行為。	憲法第20条第3項（政教分離）・第89条（公の財産の支出の制限）。	玉ぐし料などの公費支出は，憲法が禁止した宗教的活動にあたり，違憲である。	当時の県知事に公金の返還を命じた。知事交代で訴訟提起後公費の奉納中止，判決後も中止。
郵便法損害賠償制限違憲判決（最大判平成14年9月11日民集56巻7号1439頁）。	郵便法第68条・第73条（損害賠償の制限規定）。	憲法第17条（国の賠償責任）。	書留，特別送達郵便に生じた損害について，国の損害賠償の範囲を亡失・き損に限定した郵便法の規定は，合理性がなく，違憲。	平成14（2002）年に郵便法を改正し，国の損害賠償責任の範囲を拡大。
在外投票制限違憲判決（最大判平成17年9月14日民集59巻7号2087頁）。	公職選挙法（平成10年法律第47号改正後）附則第8項。	憲法第15条（選挙権）・第43条（両議院の組織）・第44条（普通選挙の保障）。	在外国民の国政選挙への参加を比例代表選出議員の選挙に限定する措置は違憲である。	平成18（2006）年に公職選挙法を改正し，在外国民に衆院選小選挙区と参院選選挙区の在外投

				票を認めた。
国籍法婚外子（非嫡出子）差別違憲判決（最大判平成20年6月4日民集62巻6号1367頁）。	国籍法第3条第1項（認知された子の国籍の取得）。	憲法第14条（法の下の平等）。	日本国民である父から出生後認知された婚外子のうち，父母が法律上の婚姻をしていない者に日本国籍を認めない規定は，法の下の平等に反する。	平成20（2008）年の国籍法改正で是正措置。
空知太神社違憲訴訟判決（最大判平成22年1月20日民集64巻1号1頁）。	砂川市が連合町内会に対し市有地を無償で神社施設の敷地としての利用に供していた。	憲法第20条第3項（政教分離）・第89条（公の財産の支出の制限）。	市が町内会に対し市有地を無償で神社施設の敷地として利用に供する行為は，政教分離の原則に反する。	市有地の一部を神社に有償貸与。
婚外子（非嫡出子）相続格差規定違憲決定（最大決平成25年9月4日民集67巻6号1320頁）。	民法第900条第4号ただし書き（法定相続分）。	憲法第14条（法の下の平等）。	法律上の婚姻をしていない男女間の子（婚外子）の遺産相続分を，法律上婚姻をしている夫婦の子（嫡出子）の半分とする民法の規定は，法の下の平等に反する。	平成25（2013）年の民法改正で同条項ただし書き削除。
女性の再婚禁止期間違憲判決（最大判平成27年12月16日民集69巻8号2427頁）。	民法第733条第1項（再婚禁止期間）。	憲法第14条（法の下の平等）・第24条第2項（両性の本質的平等）。	女性について6か月の再婚禁止期間を定める規定のうち，100日を超える部分は，違憲である。	平成28（2016）年の民法改正で再婚禁止期間を100日に改正。なお，令和4（2022）年の民法改正で，女性の再婚禁止期間の規定を削除。
在外国民国民審査権制限違憲判決（最大判令和4年5月25日民集76巻4号711頁）。	最高裁判所裁判官国民審査法が，在外国民に最高裁判所裁判官の国民審査権を認めていないこと。	憲法第15条1項（公務員選定罷免権）・第79条第2項第3項（国民審査）。	最高裁判所裁判官国民審査法が，在外国民に最高裁判所裁判官の国民審査権を全く認めていないことは，憲法第15条第1項・第79条第2項第3項に違反する。	令和4年の最高裁判所裁判官国民審査法改正で，在外国民の国民審査制度創設。

第5章　権利・義務と財産権

1　経済活動と法

　私たちは，生活していくために，経済活動を行うことが必要である。経済活動は，①生産要素（資本・労働・土地）を用いて財・サービスを作り出す生産活動，②生産された財・サービスを各生産要素の所有者に所得として分ける分配活動，③分配された所得を支出する消費活動の3つからなっている。

　ところで，経済活動に使うことができる資源は，無限ではなく，有限である（希少性）。資源の希少性のために，経済的な欲望をすべて満たすことはできず，「何をどれだけ」「どのような方法で」「誰のために」生産・分配・支出するかという選択が必要となる。何かを得るためには何かをあきらめなければならないのである（トレード・オフ）。そして，資源は希少であることから，社会全体が豊かになるためには，効率的・安定的・公正な経済活動が要請され，そのために経済活動を法で規制する必要が出てくる。このような経済活動の基本的ルールは，民法をはじめとする私法で規定されている。

☑用語解説：財・サービス

　財とは，人間の欲望を満たす有形のものをいう。たとえば，食料，衣類である。これに対して，サービスとは，無形のものであり，人間の欲望を満たす経済活動である。たとえば，医療，教育である。

② 私法の原則

2.1 私的自治の原則

　近代社会では，個人は自由で平等であることが前提とされ，この自由で平等な個人が自らの意思に基づいて社会生活を営むことを基本とした。したがって，私人と私人との間の関係は個人の自由な意思に委ねられるべきであり，国家の介入は避けられるべきものとされた（私的自治の原則）。私的自治の原則から，当事者が自由な意思によって合意した契約は，どのようなものであれ有効であり，国家が勝手に無効としたり，あるいはその契約を取り消す権利を一方に与えたりするべきではない，という契約自由の原則が導かれる（民511・512）。

　しかし，当事者の関係が対等でない場合，契約内容が社会生活の秩序に反する場合，あるいは一方が他方に情報を提供していなかった場合などは，契約を無効にしたり，契約をあとから取り消したりすることができる。すなわち，一方当事者に契約をするだけの意思能力が欠けていた場合（民3の2），契約の内容が公序良俗に反する場合（民90）には，契約は無効である。また，契約条項が，消費者の利益を不当に害する場合には，その契約条項は無効である（消費契約8〜10）。

　これに対して，未成年者が保護者などの同意なく契約を結んだ場合（民5）や，契約が詐欺や強迫によって結ばれた場合（民96）は，契約そのものは有効であるが，あとから取り消すことができる。また，訪問販売などの特定の取引類型においては，消費者は，契約の申込みまたは締結の後に，一定の期間内であれば無条件に契約を解除できる（クーリング・オフ。特定商取引9など）。さらに，消費者は，事業者の不当な勧誘により契約を締結させられた場合は，その契約を取り消すことができる（消費契約4）。

2.2 権利能力平等の原則

　個人は自由で平等な存在であること（憲14）から，個人は出生すると，私法

に基づいて権利や義務を負うための資格である権利能力を与えられる（民3①）。私たち個人個人のことを，自然人という。しかし，権利能力があっても，小学生未満の子どもや精神上の障害などによって自分の行為の結果を正常に理解できる能力（意思能力）を欠く人が，意思表示をしても無効である（民3の2）。

　さらに，意思能力があっても，判断能力が不十分な人（たとえば，未成年者）について，自ら単独で確定的に有効な法律行為をすることができる能力（行為能力）を制限することにより，保護を図っている（制限行為能力者制度）。

2.3　所有権絶対の原則

　近代法では，所有権は誰に対しても主張できる絶対不可侵の権利であるという所有権絶対の原則を基本とする（憲29①，民206）。もっとも，日本国憲法は，公共の福祉のために，財産権が制約されることを認めており（憲29②・③），所有権絶対の原則が修正されている（民206）。

2.4　過失責任の原則

　他人を侵害して損害を与えた場合であっても，それが故意または過失によらなければ，損害を賠償する責任を負わない（過失責任の原則。民709）。すなわち，損害を与えないように，社会生活上要求される注意を払っておけば，他人に損害を与えても損害賠償責任を負わないので，過失責任の原則は，人々の自由な活動を保障する役割を果たしてきた。しかし，公害や製造物の欠陥などから被害が生じた場合には，被害者救済の観点から，被害者が加害者の過失を立証しなくても，加害者が損害賠償責任を負う無過失責任を認めている（大気汚染25，製造物3）。

③　権利・義務とその主体

3.1　権利と義務

　権利とは，他人にある行為を求めることや，自分がある行為をすることが，

法律上できるとされる資格をいう。これに対して，義務とは，他人に対してある行為をしなければならない，あるいはしてはならないという法律上の拘束のことである。

　たとえば，AがBにある商品を売った場合，売主Aは買主Bに対して，売った商品の代金の支払いを請求できる権利をもち，売った商品を引き渡す義務を負う（民555）。これに対して，買主Bは売主Aに対して，買った商品の引き渡しを請求する権利をもち，買った商品の代金を支払う義務を負う（民555）。このような関係を法律関係または権利義務関係という。

3.2　権利行使の限界

　社会生活の秩序が維持されるためには，権利者は，公共の福祉に適合するように権利を行使し，信義に従い誠実に権利を行使しなければならない。これに反する行為は，権利の濫用として禁止される。そこで，民法第1条は，「①私権は，公共の福祉に適合しなければならない。②権利の行使及び義務の履行は，信義に従い誠実に行わなければならない。③権利の濫用は，これを許さない。」と定めている。

　権利濫用の法理を適用した判決に宇奈月温泉事件（大判昭和10年10月5日民集14巻1965頁）がある。Aが購入した土地（9,900平方メートル）に，Bが設置した温泉の引湯の管の一部（面積約6.6平方メートル）が通っていた。その土地の買主Aは，管の所有者Bに対してその管の撤去を求め，もし撤去に応じないのならば，その土地全部を不相当に高額な価格で買い取るように請求した。大審院は，Aの請求を権利の濫用としてしりぞけた。

3.3　権利・義務の主体と権利能力

（1）権利・義務の主体

　社会生活において，権利をもったり，義務を負ったりする者を，権利・義務の主体という。権利をもったり，義務を負ったりすることができる資格のことを権利能力という。

　権利能力が認められるのは，自然人と法人だけである。自然人とは，生きている人間のことであり，平等に権利能力をもっている（憲14，民3①）。外国人に対しても，権利能力は原則として認められている（民3②）。法人とは，会社や学校，協同組合などのように，法律によって，権利・義務の主体となることが認められたものである。権利能力は自然人と法人にだけ認められているので，犬や猫などの動物には権利能力はない。

（2）自然人の権利能力
①胎児

　自然人の権利能力の始期は，出生である（民3①）。したがって，生まれたばかりの赤ちゃんでも，権利・義務の主体として，親や他人から物を譲り受けたり，親の財産を相続したりすることができる。自然人の権利能力は，死亡によって消滅する。死亡した人の権利や義務は，その配偶者や子などの相続人に移る（民882・896）。

　胎児は，まだ生まれていないので，本来的には権利能力は認められないはずである。したがって，父親が死亡した翌日に生まれた赤ちゃんは，父親が死亡した時点では胎児であるため，権利能力が認められず，父親の遺産を相続できないはずである。これに対して，父親が死亡する前日に生まれた赤ちゃんは，父親が死亡した時点ですでに権利能力を取得しているため，父親の遺産を相続できる（民887①）。しかし，このような扱いは，不公平であるとともに，無理に出産時期を早め，胎児や母体に危険が及ぶおそれがある。

　そこで，民法は，胎児の利益を保護するために，不法行為を理由とする損害賠償請求権（民721），相続（民886），遺贈（民965）の3つの場合について，胎児は，「既に生まれたものとみなす。」と定めて，例外的に権利能力を認めている。したがって，父親が死亡した翌日に生まれた赤ちゃんもまた，父親の遺産を相続できることになる。

┌───┐
│ ☑用語解説：相続，遺贈   │
│   │
│   相続は，被相続人の死亡によって開始する（民882）。相続される死者を被相│
│ 続人，相続する人を相続人という。相続には，法律の定めにしたがってされる│
│ 法定相続（民887・889・890・900）と，被相続人の意思によって相続方法を決│
│ 定する遺言相続がある（民902）。遺贈とは，遺言により遺産の全部もしくは一│
│ 部を無償で，または負担を付けて譲ることである（民964）。   │
│   │
└───┘

②失踪宣告

　事故や天災などで行方不明になったり，生死がわからないときに，その生死
不明な状態を長く放置すると，法的に不都合な事態が生じる。たとえば，残さ
れた配偶者は再婚できないし，その人の財産を処分したりすることができない。
そこで，この不確定な法律関係を整理するために失踪宣告という制度がある。

　ある人の生死不明の状態が一定期間続いたときに，配偶者や相続人などの利
害関係人から家庭裁判所に請求して失踪宣告をしてもらい（民30），その人を
死亡したものとみなして，法律関係を終わらせることができる（民31）。この
場合の一定の期間は，普通失踪の場合は7年間，海難事故など特別失踪の場合
には1年間である。ある人を死亡したものとしてみなすのは，その人の失踪前
の生活関係についてであり，別の場所でその人が生存している場合に，その人
のそこでの権利能力が失われるわけではない。

　失踪宣告を受けた人の死亡時期は，普通失踪の場合は7年の期間満了の時で
あり，特別失踪の場合は危難が去った時である（民31）。

　失踪者が生存していたり，宣告によって死亡とみなされた時と異なった時に
死亡したことがわかったときは，失踪宣告はその事実にあわせて取り消される
（民32）。

（3）行為能力と制限行為能力者制度

①行為能力と意思能力

　商店で品物を買う売買契約のように，自分の意思に基づいて権利・義務を発生させる行為を法律行為という。法律行為が有効に成立するためには，自分の行為の結果を正常に判断できる能力，つまり意思能力が必要である。民法第3条の2は，「法律行為の当事者が意思表示をした時に意思能力を有しなかったときは，その法律行為は，無効とする。」と規定する。たとえば，3歳の子供が自分のおもちゃを「あげる。」と言っても，幼児には意思能力が認められないので，その行為は無効である。

　意思能力がない状態で取引をしてしまった場合，たとえば泥酔状態で契約書に署名してしまった場合，意思能力がなかったことを理由として，取引の無効を主張することができる。しかし，無効の主張が認められるためには，法律行為の時点で意思能力を欠いていたことを証明しなければならないが，この証明は簡単なことではない。また，意思能力があるとする一応の目安は，6歳前後の知能であるとされている。だからといって，通常の12歳の子どもには意思能力があるとして，12歳の子どもの法律行為を通常の成人と同様に扱ってよいということにはならない。

　そこで，民法は，行為能力という概念を導入している。行為能力とは，ひとりで完全に有効な法律行為をすることができる資格のことである。民法は，一定の人々について，行為能力を制限することによって，保護する制度（制限行為能力者制度）を定めている。

②制限行為能力者制度

　(a)　未成年者

　18歳未満の者は未成年者とされる（民4）。未成年者は，判断力が十分とはいえず，一人で取引をすると不利益を受ける危険がある。そこで，未成年者が法律行為をするためには，その法定代理人の同意が必要である（民5①）。法定代理人の同意を得ないでした法律行為を，未成年者または法定代理人は取り消

すことができる（民5②・120①）。ただし，物をもらったり，借金を免除して
もらったりするような，単に権利を得，または義務を免れる行為（民5①但），
旅費のように法定代理人が目的を定めて，またはお小遣いのように目的を定め
ないで処分が許された財産の処分（民5③），法定代理人が許可した営業に関す
る行為（民6）は，未成年者はひとりで有効にすることができる。また，未成
年者が自分が成人であると年齢を偽って，相手方がそれを信じてした契約は，
取消すことができない（民21）。

　未成年者が売買契約を取消したときは，引き渡されている商品があれば返還
し，既に支払った代金があれば返還してもらえることになる（民121の2①）。
商品を使用または消費してしまった場合，残っている利益分のみを返還すれば
よい（民121の2③）。

　☑用語解説：未成年者の法定代理人

　　誰が代理人となり，どれだけの範囲の代理権をもつかが法律で決まっている
　場合を法定代理という。未成年者の法定代理人は，親権者であり（民818・819），
　親権者がいないときは，未成年後見人である（民839・841）。親権者は，子の利
　益のために子の監護および教育をする権利を有し，義務を負う（民820）。未成
　年の子の親権者は父母であり，親権は父母の共同で行使される（民818①・③）。

（b）　成年被後見人

　精神上の障害があるために判断能力を常に欠いている状況（常況）にあるた
め，本人，配偶者，四親等内の親族など一定の者の請求によって，家庭裁判所
から後見開始の審判を受けた者が，成年被後見人である（民7・8）。成年被後
見人には，成年後見人がつけられる（民8・843①）。

　成年被後見人がおこなった法律行為は，日用品の購入など日常生活に関する
行為を除いて，本人または成年後見人によって取り消すことができる（民9・
120①）。

☑発展：成年被後見人の選挙権

　公職選挙法は，従来，成年被後見人の選挙権を否定していた（公選旧11①Ⅰ）。しかし，東京地判平成25年 3 月14日判時2178号 3 頁は，成年被後見人の選挙権を一律に否定する公職選挙法の規定は，それなくしては選挙の公正を確保しつつ選挙を行うことが事実上著しく困難であると認められる「やむを得ない」制限とはいえず，違憲であると判断した。この判決を受けて，平成25年に，成年被後見人の選挙権を否定した公職選挙法の規定は削除され，成年被後見人は選挙権・被選挙権を有するようになった。

(c)　被保佐人

　被保佐人とは，精神上の障害があるために判断能力が著しく不十分であるため，本人，配偶者，四親等内の親族など一定の者の請求によって，家庭裁判所から保佐開始の審判を受けた者である（民11・12）。被保佐人には，保佐人がつけられる（民12・876の 2 ①）。被保佐人が，保佐人の同意なしに，不動産の売買や借金など，民法第13条所定の行為をした場合，本人または保佐人によって取り消すことができる（民13①・④・120）。

　被保佐人本人または被保佐人の同意を得た一定の者の請求によって，特定の法律行為について，保佐人に代理権を付与されることがある（民876の 4 ）。

(d)　被補助人

　被補助人とは，精神上の障害により判断能力が不十分であるため，本人または本人の同意を得た一定の者の請求により，家庭裁判所から補助開始の審判を受けた者である（民15・16）。被補助人には，補助人がつけられる（民16・876の 7 ①）。本人または本人の同意を得た一定の者の請求により，家庭裁判所は，保佐人の同意を必要とする法律行為の一部について，補助人の同意が必要であり，その同意のないときには，その行為を取り消すことができる旨の審判をすることができる（民17）。

補助人本人または本人の同意を得た一定の者の請求によって，特定の法律行為について，補助人に代理権が付与されることがある（民876の9）。

③法定後見制度と任意後見制度

（a）　法定後見制度

成年被後見人・被保佐人・被補助人の制度は，現に判断能力が十分ではない本人について，本人や家族などの請求により，家庭裁判所が適任と認める者を成年後見人・保佐人・補助人として選任し，法律で定められた範囲で代理権や同意権を与えることによって，本人の保護を図っている（民8・9・12・13・16・17）。これを法定後見制度という。

（b）　任意後見制度

本人が十分な判断能力を有しているうちに，将来において自分の判断能力が不十分なものとなった場合に備えて，財産管理・身上監護に関する事務を行う任意後見人を決定し，その者に代理権を与えるという任意後見契約（任意後見2Ⅰ）を結ぶ制度を，任意後見制度という。

家庭裁判所により任意後見監督人が選任された時から，任意後見契約は効力が生じる（任意後見2Ⅰ）。任意後見契約は，公正証書によらなければならない（任意後見3）。公証人が任意後見契約について公正証書を作成したときは，公証人の嘱託または申請に基づき，後見登記ファイルに任意後見契約が登記される（後見登記5）。

☑用語解説：公証人

公証人とは，当事者の嘱託により法律行為その他私権に関する事実について公正証書を作成し，また私署証書，定款や電磁的記録に認証を与える権限をもつ者であり（公証1），法務大臣により任命される（公証11）。

---

④制限行為能力者の相手方の保護

　制限行為能力者と取引をした相手方は，その契約がいつ取り消されるか不安定な状態におかれる。相手方は，制限行為能力者が行為能力者となった後，その者に対し，1か月以上の期間を定め，その期間内にその取り消すことができる行為を追認するかどうかを確答すべき旨の催告をすることができる。もし，その期間内に確答を発しないときは，その行為を追認したものとみなされる（民20①）。また，相手方は，制限行為能力者が行為能力者とならない間に，その法定代理人，保佐人または補助人に対して，1か月以上の期間を定め，その期間内にその取り消すことができる行為を追認するかどうかを確答すべき旨の催告をすることができる。もし，これらの者がその期間内に確答を発しないときは，その行為を追認したものとみなされる（民20②）。

　制限行為能力者が行為能力者であることを信じさせるために詐術を用いて取引をした場合には，その行為を取り消すことはできない（民21）。

（4）法人
①法人の意義

　法人とは，自然人以外のもので，権利能力を認められたものをいう。法人は，民法その他の法律の定める手続によって設立されたときに（民33①），はじめて権利能力を取得し，権利・義務の主体となることができる。法人の設立には，定款を作成し，そこにその法人の目的を定めておかなければならない（一般法人10・11①Ⅰ・152①・153①Ⅰ，会社26・27Ⅰ）。法人は，定款に定められた目的の範囲内で権利を有し，義務を負う（民34）。

②法人の種類
（a）公法人と私法人

　公法人とは，公法に基づいて成立した法人で，国家，地方公共団体および公共組合がある。私法人とは，私法によって認められた法人である。私法人は，以下のように分類される。

表 8　法人の分類

			国　　家		例
法人	公法人	公共団体	地方公共団体		都道府県，市町村など。
			公共組合		健康保険組合，土地改良区など。
	私法人	社団法人	一般社団法人	公益社団法人	日本青年会議所，経済同友会など。
					日本経済団体連合会，日本民間放送連盟など。
			営利法人		株式会社，合名会社，合資会社，合同会社。
		財団法人	一般財団法人	公益財団法人	日本オリンピック委員会，日本ユニセフ協会など。
					日本品質保証機構など。

(b)　社団法人と財団法人

　社団法人とは，一定の目的のために，人々が集まって設立した法人をいう。これに対して，財団法人とは，一定の目的のために運用される財産を基礎として設立された法人をいう。

(c)　一般法人，公益法人，営利法人

　営利を目的としない法人を一般法人という。一般法人は，一般社団法人及び一般財団法人に関する法律によると，一般社団法人と一般財団法人に分けられる。一般法人のうち，学術，技芸，慈善などの事業であって，不特定かつ多数の者の利益の増進に寄与する公益目的事業を行う法人は，行政庁から公益認定を受けると公益法人となることができる（公益法人2Ⅳ）。また，特別法に基づいて公益法人とされているものもある。たとえば，宗教法人法に基づく宗教法人や，特定非営利活動促進法に基づく特定非営利活動（NPO）法人などである。

　営利法人とは，営利事業を営み，得た利益を剰余金の配当，残余財産の分配等の方法で，法人の構成員である社員に分配することを目的とした法人をいう。営利法人は，すべて社団法人であり，会社法によって設立される株式会社などがこれにあたる。

表 9　法人の機関

		意思決定機関	業務執行・代表機関	監査機関
一般法人	一般社団法人	社員総会	理事	監事
	一般財団法人	評議員・評議員会	理事・理事会	監事
営利法人（株式会社の一例）		株主総会	取締役会・代表取締役	監査役

③法人の機関

　法人は自然人と異なり，肉体をもつわけではないので，法人は，一定の地位にある人や組織を通じて活動する。これを法人の機関という。法人の機関には，意思決定機関，業務執行機関・代表機関，監査機関がある。

　一般社団法人においては，社員総会と理事は必ず置かなければならない（一般法人36①・60①）。これに対して，理事会と監事の設置は任意である（一般法人60②）。社員総会は意思決定機関である（一般法人35）。理事会非設置一般社団法人では，理事は，原則として，業務執行をし（一般法人76①），法人を代表する（一般法人77①）。理事会設置一般社団法人では，すべての理事で組織される理事会が，業務執行を決定し（一般法人90②Ⅰ），代表理事が業務を執行する（一般法人91①Ⅰ）。監事設置一般社団法人では，監事は，理事の職務の執行を監査し（一般法人99①），計算書類等を監査する（一般法人124①）。会計監査人設置一般社団法人では，監事および会計監査人が計算書類等を監査する（一般法人124②Ⅰ）。

　一般財団法人では，評議員，評議員会，理事，理事会および監事を置かなければならない（一般法人170①）。すべての評議員で組織される評議員会は，一般法人法に規定する事項および定款で定めた事項について，決議する（一般法人178②）。すべての理事で組織される理事会は，業務執行の決定をし（一般法人197・90②Ⅰ），代表理事が業務を執行する（一般法人197・91①Ⅰ）。監事は，理事の職務の執行を監査し（一般法人197・99①），計算書類等を監査する（一般法人199・124①）。会計監査人を設置した場合には（一般法人170②），監事および会

計監査人が計算書類等を監査する（一般法人199・124②Ⅰ）。

　株式会社は，株主総会（会社296）と取締役（会社326①）を置かなければならない。株主総会は，取締役会設置会社においては，会社法に規定する事項および定款で定めた事項に限り，決議することができる（会社295②）。これに対して，取締役会非設置会社では，株主総会は，会社法に規定する事項および株式会社の組織，運営，管理その他株式会社に関する一切の事項について決議することができる（会社295①）。取締役は，原則として，株式会社の業務を執行し（会社348①），株式会社を代表する（会社349①）。取締役会が定款の定めによって設置された場合には（会社326②），取締役会は会社の業務の執行を決定し（会社362②Ⅰ），代表取締役を選定する（会社362②Ⅲ・362③）。代表取締役は，株式会社を代表する（会社349①但）。監査役が定款の定めによって設置された場合には（会社326②），監査役は取締役の職務の執行を監査する（会社381①）。

④　財産権

4.1　物と財産権

（1）物

　人は，財やサービスを用いて，経済生活を営んでいる。財産権とは，財やサービスに対する私法上の権利のことをいう。財の中心をなすものは物である。物とは有体物をいう（民85）。有体物とは，土地・建物・机・椅子のような固体，水・石油のような液体，家庭用ガスのような気体である。なお，電気は，有体物ではないが，人により支配・管理できるので，取引の対象となり，法律上，物として扱われる（刑245）。

☑用語解説：私法上の権利

　私法上の権利は，財産権と非財産権に大別される。財産権には，物権，債権，知的財産権に分かれる。非財産権には，人格権，身分権がある。人格権は，生

命・身体・自由・名誉のほか貞操・氏名・肖像・プライバシーにも認められる。身分権は，夫と妻，親と子のように親族法上の一定の地位から認められる権利のことである。たとえば，親権者の監護教育権（民820）である。

（2）物の種類

物は，いろいろな観点から分類され，その取扱いが区別されている。

①不動産と動産

土地およびその定着物を，不動産という（民86①）。定着物とは，土地に直接または間接に固定されている物である。たとえば，建物である。動産とは，不動産以外の物である（民86②）。

②主物と従物

建物と畳，金庫と鍵などのように，物と物との間で，一方が他方の効用を補うという関係がある場合，補われている物のことを主物，補っている物のことを従物という（民87①）。建物が主物であり，畳が従物である。主物と従物の経済的結合関係にかんがみ，従物は，主物の処分に従う（民87②）。したがって，主物が売られると，原則として従物もいっしょに売られたことになる。

③元物と果実

物から生じる経済的収益を果実といい，果実を生じる物を元物という。さらに，果実には，物の用法にしたがい収取する産出物である天然果実（民88①）と，物の使用の対価として受けるべき金銭その他の物である法定果実（民88②）とがある。天然果実は，たとえば，乳牛からとれる牛乳，りんごの木に実ったりんごである。法定果実の例は，賃料・利息である。天然果実は，元物から分離するときに，収取権者の所有になる（民89①）。法定果実は，収取権の存続期間に応じて，日割り計算により取得する（民89②）。

4.2 物権

（1）物権の意義

物権とは，一定の物を直接，そして排他的に支配できる権利のことである。物権は強い権利であるから，その種類や内容は法律によってあらかじめ定められている（民175）。これを物権法定主義という。

（2）物権の種類

民法が定めている物権は，所有権，占有権，地上権，永小作権，地役権，入会権，留置権，先取特権，質権，抵当権の10種類である。地上権，永小作権，地役権および入会権を用益物権という。留置権，先取特権，質権，抵当権は担保物権という。

（3）所有権

所有権とは，法令の範囲内で物を自由に使用・収益・処分できる権利である（民206）。たとえば，パソコンの所有者は，パソコンを自分で使用することもできるし，他人にパソコンを貸して賃料を取ること（収益）もできるし，他人にパソコンを売却すること（処分）もできる。

所有権は，法令による制限を受ける（民206）。都市計画法，建築基準法，土地収用法などによる制限が，その例である。また，所有権は公共の福祉による制限（憲29②）のほか，所有権の行使が民法の一般的な権利濫用の禁止（民1③）に該当する場合もある。さらに，相隣関係の規定の制約を受ける。

（4）相隣関係

民法は，相隣関係（民209～238）として，隣接する土地の所有権相互の調整を図っている。

①土地の所有者は，所定の目的のために必要な範囲内で，隣地の所有者等の承諾がなくとも，隣地を使用することができる（民209）。

②他人の土地に囲まれていて，公道に通じていない土地（袋地）の所有者は，

公道に至るため，その土地を囲んでいる他の土地（囲繞地）を一定の制限のもとで通行することができる（民210以下）。

　③土地の所有者は，隣地から水が自然に流れて来るのを妨げてはならない（民214）。

　④隣地の竹木の枝が境界線を越えるときは，その竹木の所有者に，その枝を切らせることができる（民233①）。

　⑤隣地の竹木の根が境界線を越えるときは，相隣者はその根を切り取ることができる（民233④）。

　⑥建物を建築するには，境界線から50センチメートル以上の距離を保たなければならない（民234①）。

（5）用益物権

　用益物権とは，他人の土地を一定の目的のために使用・収益することのできる物権である。

表10　用益物権の種類

種　類	内　容
地上権	建物などの工作物や竹木を所有するために，他人の土地を使用できる権利（民265）。
永小作権	耕作や牧畜のために，小作料を支払って他人の土地を使用できる権利（民270）。
地役権	道路に出るために他人の所有地を通行したり，自己の所有する水田に水を引くために他人の土地に水路を通したりするなど，自己の土地の便益のために他人の土地を使用できる権利（民280）。
入会権	慣習に基づいて，一定地域の住民が，山林，漁場，池などを共同で管理し，使用収益することができる物権（民263・294）。

（6）占有権

　人が現実に物を支配している状態を占有という。民法は，社会の秩序を維持するために，現実に物を支配しているという事実状態を権利として保護している。この権利を占有権という（民180）。占有権は，物の事実的支配を保護する

ものであるので，窃盗犯人が占有している盗品についても，占有権が認められる。

（7）担保物権

担保物権とは，目的物を債権の担保に供することを目的とする物権である。

表11 担保物権の種類

分　類	種　類	内　容
法定担保物権	留置権	他人の物を占有している者が，その物に関して生じた債権の弁済を受けるまで，その者を債務者に引き渡さないで，自分の手元にとどめおくことができる権利（民295）。
	先取特権	特定の債権者が，公平などの見地から，債務者の全財産または特定の財産から，優先して弁済を受けることができる権利（民303）。
約定担保物権	質　権	債務者または第三者が，債権の担保として債権者に引き渡した物を，債務の弁済があるまで債権者が占有し，弁済期がきても弁済がない場合に，その物を競売にかけ，その代金から優先弁済を受けることのできる権利（民342）。
	抵当権	債務者または第三者が，目的物を占有したままで債権の担保とし，債務者が弁済期に弁済しない場合に，債権者が，その目的物を競売にかけ，その代金から他の債権者に優先して弁済を受けることのできる権利（民369）。

4.3　債権

（1）債権の意義

債権とは，特定の人に対して，一定の行為を求める権利のことである。たとえば，売主が買主に対して，代金を支払えと請求することができる権利である。債権の目的である一定の行為を，給付というが，これには，売買代金の支払いや物の引き渡しのような作為と，高い建物を建てないとか夜はピアノを弾かないというような，一定の行為をしない不作為とがある。給付をしなければならない義務を債務という。また，給付を請求できる者を債権者，給付の義務を負う者を債務者という。

（2）債務の履行

　債務者が給付を約束どおり実現することを履行という。債務が履行されることによって，債権としての目的は達成される。たとえば，AとBとがA所有の家屋について売買契約を締結した場合，Aがその家屋をBに引き渡し，その家屋に欠陥等がなければ，Aの引き渡し債務は消滅する。

4.4　知的財産権

（1）知的財産権の意義

　人間の創造的活動により生み出されるものを知的財産という。知的財産は，社会的に価値があり，経済的利益をもたらすものである一方で，物としての形がない情報であることから，容易に模倣されるという性質を有している。そこで，知的財産の創作者に，知的財産権を認めている。知的財産権は，創作した知的財産を一定期間支配し，その経済的な利益を独占できる権利である。知的財産権が認められていることにより，創作者は創造意欲が高められることになる。

☑用語解説：知的財産・知的財産権の定義

　知的財産基本法は，知的財産を「発明，考案，植物の新品種，意匠，著作物その他の人間の創造的活動により生み出されるもの（発見又は解明がされた自然の法則又は現象であって，産業上の利用可能性があるものを含む。），商標，商号その他事業活動に用いられる商品又は役務を表示するもの及び営業秘密その他の事業活動に有用な技術上又は営業上の情報をいう。」（知財基本2①）と，知的財産権を「特許権，実用新案権，育成者権，意匠権，著作権，商標権その他の知的財産に関して法令により定められた権利又は法律上保護される利益に係る権利」（知財基本2②）と定義している。

（2）知的財産権の分類

　知的財産権は，創作意欲の促進を目的とした「知的創造物についての権利」

と，使用者の信用維持を目的とした「営業上の標識についての権利」に大別される。

表12　知的財産権の種類

知的創造物についての権利等	営業上の標識についての権利
特許権（特許法）	商標権（商標法）
実用新案権（実用新案法）	商号（商法）
意匠権（意匠法）	商品等表示（不正競争防止法）
著作権（著作権法）	地理的表示（特定農林水産物等の名称の保護に関する法律）
回路配置利用権（半導体集積回路の回路配置に関する法律）	地理的表示（酒税の保全及び種類業組合等に関する法律）
育成者権（種苗法）	
営業秘密（不正競争防止法）	

　知的創造物についての権利には，発明を保護する特許権，物品の形状等の考案を保護する実用新案権，物品のデザインを保護する意匠権，文学，学術，美術，音楽，プログラム等の精神的作品を保護する著作権などがある。営業上の標識についての権利には，商品・サービスに使用するマークを保護する商標権がある。なお，特許権，実用新案権，意匠権，および商標権は，産業財産権と呼ばれる。

（3）産業財産権
①特許権
　自然法則を利用した技術的思想の創作のうち高度な発明であり，特許庁に出願し特許原簿に登録されると，特許権が与えられる。たとえば，スマートフォンに使われているリチウム電池である。特許庁は出願された発明について，特許法で定める「特許を受けることができる発明」の要件を審査し，その要件を備えている場合に，特許原簿に設定登録する（特許66①）。特許権における発明の要件は，①産業上の利用可能性（特許29①），②新規性（特許29①），および③進歩性（特許29②）である。特許権の存続期間は，特許出願の日から20年（一部

25年に延長）である（特許67）。

　特許権者だけが，特許発明を業として実施できる（特許68）。物の発明の場合には，特許権者以外の者は，反復継続して，その生産，使用，譲渡，輸出入などをしてはならない。特許権が侵害された場合には，特許権者には，使用の差止請求（特許100），損害賠償請求（特許102），信用回復請求（特許106）をすることが認められている。特許権を侵害した者は，処罰される（特許196）。

②実用新案権

　実用新案権は，自然法則を利用した技術的思想の創作（実用2①）のうち，産業上利用できる物品の形状，構造または組合せに係る考案に対して認められる知的財産権である。たとえば，ペットボトルのふたである。特許庁に出願して実用新案登録をすると，実用新案権を取得する（実用14①）。実用新案権における考案と，特許権における発明との違いは，高度な技術かどうかである。実用新案権は，必ずしも技術的に高度ではない小発明を保護するものである。実用新案権は，多くの出願に対して迅速に対応する必要があるため，特許権とは異なり実体審査を行わない。実用新案権の存続期間は，出願の日から10年である（実用15）。

③意匠権

　意匠とは，物品の形状，模様もしくは色彩またはこれらの結合であって，視覚を通じて美感を起こさせるもの（意匠2①）である。たとえば，スマートフォンのデザインである。意匠は，特許庁に出願し，意匠原簿に設定登録が行われると，意匠権が認められる（意匠20①）。特許庁では，審査官が，意匠法上定められた意匠登録の要件，すなわち工業上の利用可能性（意匠3①），新規性（意匠3①），創作非容易性（意匠3②）等について審査し，それらの要件をすべて満たしたものだけが登録される（意匠20①）。意匠の要件の一つである「工業上の利用可能性」とは，工業的生産過程を通じて，大量生産できるものに限るという意味である。したがって，美術品のように量産されないものは，意匠法

の対象にならない。意匠権の存続期間は設定登録の日から25年である（意匠21）。

④商標権

　商標とは，事業者が，自己（自社）の取り扱う商品・サービスを他人（他社）のものと区別するために使用するマーク（識別標識）である。「商標」とは，人の知覚によつて認識することができるもののうち，文字，図形，記号，立体的形状もしくは色彩またはこれらの結合，音その他政令で定めるものであって，①業として商品を生産し，証明し，もしくは譲渡する者がその商品について使用をするもの，または②業として役務を提供し，もしくは証明する者がその役務について使用をするもの（商標2①）である。

　商標は，①商品または役務の出所を表示する機能（出所表示機能），②商品の品質または役務の質を保証する機能（品質保証機能），および③商品または役務の広告的機能（広告機能）という機能を有している。

　特許庁に商標を登録すると，商標権が与えられ，その商標の独占使用が認められる（商標25）。ただし，商標が，①自己と他人の商品・役務（サービス）とを区別することができないものである場合（商標3①Ⅰ～Ⅵ），②公共の機関のマークと紛らわしい等公益性に反するものである場合（商標4①Ⅰ～Ⅶ・Ⅸ・ⅩⅥ・ⅩⅧ），③他人の登録商標や周知・著名商標等と紛らわしいものである場合（商標4①Ⅷ・Ⅹ・ⅩⅠ）には，商標登録を受けることができない。

　商標権の存続期間は設定登録の日から10年である（商標19①）。ただし，商標は，事業者の営業活動によって蓄積された信用を保護することを目的としているから，存続期間の更新登録の申請（商標20）によって，10年の存続期間を何度でも更新することができる（商標19②）。

（4）回線配置利用権

　回線配置利用権は，独自に創作された半導体集積回路（半導体チップ）の回路配置を対象とする知的財産権である。半導体集積回路の設計配置には，相当の経費と労力が必要であるとともに，半導体集積回路は現代社会におけるあら

ゆる機器に利用され，これらの技術の高度化と利便性に不可欠である。そのため，特別な財産的価値が評価され，知的財産権として保護されている。半導体集積回路を独自に創作した者またはその承継人が，経済産業大臣に回路配置利用権の申請を行い（半導体回路配置3②），回路配置原簿に設定登録されると，回路配置利用権を取得できる（半導体回路配置10①）。回路配置利用権者は，設定登録を受けている回路配置を業として利用する権利を専有する（半導体回路配置11）。回路配置利用権の存続期間は，設定登録の日から10年である（半導体回路配置10②）。

（5）育成者権

　新しい農林水産植物の品種を育成した者が，品種登録の出願を農林水産大臣に行い（種苗5①），その審査を受け，品種登録の要件を満たしていると認められ，品種登録簿に登録されると，育成者権が発生する（種苗19①）。育成者権者は，品種登録を受けている品種および当該登録品種と特性により明確に区別されない品種を業として利用する権利を専有する（種苗20①）。すなわち，品種の種苗および種苗の収穫物の生産，譲渡，輸出入，保管などをすることができる（種苗2⑤）。育成者権の存続期間は，品種登録の日から25年であるが，永年性植物は30年である（種苗19②）。

（6）不正競争防止法による保護

　不正競争防止法は，周知表示混同惹起行為（不正競争2①Ⅰ・21②Ⅰ），著名表示冒用行為（不正競争2①Ⅱ・21②Ⅱ），形態模倣商品の提供行為（不正競争2①Ⅲ・21②Ⅲ），営業秘密の侵害（不正競争2①Ⅳ〜Ⅹ・21①・③）などを不正競争行為として，規制することによって，知的財産に関する不正競争を防止する機能を果たしている。

（7）地理的表示法による保護

　地理的表示法とは，特定農林水産物等の名称の保護に関する法律のことであ

る。地理的表示とは，農林水産物・食品等の名称で，その名称から当該産品の産地を特定でき，産品の品質や社会的評価等の確立した特性が当該産地と結び付いているということを特定できる名称の表示のことである。地理的表示法は，特定の産地と品質等の面で結び付きのある農林水産物・食品等の産品の名称（地理的表示）を知的財産として保護し，もって，生産業者の利益の増進と需要者の信頼の保護を図ることを目的としている。

（8）著作権

　思想または感情を創作的に表現したものであって，文芸，学術，美術または音楽の範囲に属するものを著作物という（著作2①Ⅰ）。

　著作権法にいう「著作物」の例は，小説・脚本・論文・講演その他の言語の著作物，音楽の著作物，舞踊または無言劇の著作物，絵画・版画・彫刻その他の美術の著作物，建築の著作物，地図または学術的な性質を有する図面・図表・模型その他の図形の著作物，映画の著作物，写真の著作物，プログラムの著作物である（著作10①）。その他に二次的著作物（著作11），編集著作物（著作12），データベースの著作物（著作12の2）がある。

　このような著作物を創作する者が著作者（著作2①Ⅱ）であり，著作者に付与される権利が，著作権である。著作者の権利には，人格的利益を保護するための著作者人格権と，財産的利益を保護する著作権がある。著作者人格権は，譲渡したり，相続したりすることはできない（著作59）一方で，著作権は譲渡することができる（著作61）。

　著作者人格権の一つとして，まだ公表されていない自分の著作物について，それを公表するかしないかを決定できる権利（無断で公表されない権利）がある（著作18）。なお，著作権の保護期間は，著作者が著作物を創作した時に始まり，原則として著作者の生存年間およびその死後70年間である（著作51）。

　著作物などを人々に伝達した者（実演家，レコード製作者，放送事業者および有線放送事業者）に与えられる権利として，著作隣接権がある（著作89以下）。

第6章	契約と財産権の保護

① 契約

1.1 契約の意義

　私たちは，食料品を買ったり，電車に乗ったりするなど，日常生活において契約を行っている。他者との契約なくしては，日常生活を送ることはできない。契約とは，当事者間の意思表示の合致であり，かつ当事者間に権利義務を生じさせる法律行為である。

　契約は，当事者の一方が申込みの意思表示をし，それに対して相手方が承諾の意思表示をしたときに，成立する（民522①）。契約が成立すると，両当事者には，契約内容を履行することを要求する権利（債権）と，契約内容を履行する義務（債務）が発生する。

1.2 契約自由の原則とその制限

（1）契約自由の原則

　近代以降の社会では，私人間の法律関係は，当事者の自由な意思に基づいて決定されるべきであり，国家は干渉してはならないとする私的自治の原則が確立した。このような私的自治の原則から，契約を誰とどのような内容で結ぶかを自らの意思で決めることができるという契約自由の原則が認められている。契約自由の原則には，①契約を締結するかどうかの自由（契約締結の自由。民521①），②契約の相手方を誰にするかの自由（相手方選択の自由），③どのような方式で契約を締結してもよいという自由（方式の自由。民522②），④契約の内容を決定する自由（内容決定の自由。民521②）が含まれている。このような契約

自由の原則が認められることにより，当事者は，自由競争によって最も合理的な取引をし，それがひいては社会全体の利益につながる。

（2）契約自由の原則に対する制限

　契約の自由の原則に対する制限として，契約が強行法規（民91参照）に違反する場合や，公の秩序または善良の風俗に反する場合（民90）には，その契約は無効となる。

　また，契約自由の原則は，自由競争を保障し，社会の発展に寄与するものである一方で，社会に貧富の差を生み出したり，社会的・経済的強者による弱者支配の手段になったりした。そこで，社会的・経済的弱者を保護するために，契約自由の原則に制限が加えられている。たとえば，賃借人を保護するための借地借家法の制限や，労働者を保護するための労働法による規制である。

　さらに，契約の成立には，原則として当事者間の意思表示が合致していれば十分であり，契約書の作成は不要である。しかし，法令により，書面の作成その他の方式を具備することが契約の成立要件とされている場合がある（民522②）。たとえば，保証人は第三者の債務を履行する義務を負うため，慎重に意思表示をすることが求められ，保証契約は，書面でしなければ，その効力を生じない（民446②）。

　☑発展：約款

　　鉄道，電気，ガス，水道などの契約では，大量に取引がなされ，取引条件の一元的処理による合理化・迅速化が求められる。そこで，事業者があらかじめ決めておいた定型的な契約内容にしたがって，契約が締結される。このような多数の者との取引を画一的に処理するために，一方当事者があらかじめ作成し提示する契約条項の総体を，約款という。

　　しかし，現実には，相手方，特に消費者は，約款の内容を理解した上で合意しているわけではない。また，契約条件について個別交渉の余地はなく，それを受け入れるか否かの自由しかない。その上，たとえば，電気・ガスの供給な

どは，約款を利用して継続的な契約が締結されることが多いが，契約締結後に，事情の変化により，約款の内容が一方的に変更された場合，約款中に設けられた一方的な変更をすることがある旨の条項を根拠に，消費者の同意なくして契約内容が変更されることが行われている。そこで，民法は，約款を用いた取引の法的安定性を確保するため，定型約款に関する規定を置いている（民548の2～548の4）。

　定型約款とは，定型取引において，契約の内容とすることを目的として特定の者により準備された条項の総体である（民548の2①）。定型取引とは，①不特定多数の者を相手方として行う取引であって，②その内容の全部または一部が画一的であることがその双方にとって合理的なものをいう（民548の2①）。たとえば，鉄道の運送取引における運送約款，宅配便契約における宅配便運送約款，電気供給契約における電気供給約款などが，定型約款に該当する。

1.3　契約の分類

（1）典型契約と非典型契約

　民法典第3編第2章「契約」のにおいて規定されている13種類の契約類型を，典型契約という。贈与，売買，交換，消費貸借，使用貸借，賃貸借，雇用，請負，委任，寄託，組合，終身定期金および和解が，典型契約である。これに対して，リース契約や旅行契約など，法典に名前と型を与えられていない契約を非典型契約という。

表13　典型契約

名　称	内　容
贈　与	当事者の一方（贈与者）が財産を無償で相手方（受贈者）に与えることを約束し，受贈者がこれを受諾することによって成立する契約を贈与契約という（民549）。
売　買	当事者の一方（売主）が所有権などの財産権を相手方（買主）に移転することを約束し，買主がこれに対してその代金を支払うことを約束することによって成立する契約を売買契約という（民555）。
交　換	たとえば，絵画と壺の交換のように，当事者が互いに金銭以外の財産権の移転を約束することによって成立する契約を交換契約という（民586）。
消費	当事者の一方（借主）が金銭その他の代替物を相手方（貸主）から受け取り，後にこれと同種・同等・同量の物を返還することを約束することによって成立する契約を

貸借	消費貸借という（民587）。
使用貸借	当事者の一方（貸主）がある物を引き渡すことを約束し，相手方（借主）がその物を無償で使用・収益をして契約が終了したときに返還することを約束することによって成立する契約を使用貸借という（民593）。
賃貸借	当事者の一方（賃貸人）がある物の使用・収益を相手方にさせることを約束し，相手方（賃借人）がこれに対して賃料を支払うことおよび引き渡しを受けた物を契約が終了したときに返還することを約束することによって成立する契約を賃貸借という（民601）。たとえば，賃貸住宅を賃料を支払って借りる場合である。
雇　用	当事者の一方（労働者）が相手方（使用者）に対して労働に従事することを約束し，使用者がこれに対してその報酬を与えることを約束することによって成立する契約を雇用契約という（民623）。
請　負	当事者の一方（請負人）がある仕事を完成することを約束し，相手方（注文者）がその仕事の結果に対してその報酬を支払うことを約束することによって成立する契約を請負契約という（民632）。たとえば，建築工事を業者に依頼する場合である。
委　任	当事者の一方（委任者）が法律行為をすることを相手方（受任者）に委託し，受任者がこれを承諾することによって成立する契約を委任契約という（民643）。法律行為以外の事実行為の委託を内容とする場合を準委任という（民656）。たとえば，弁護士に事件の処理を依頼する場合である。
寄　託	当事者の一方（受寄者）がある物を保管することを相手方（寄託者）に委託し，寄託者がこれを承諾することによって成立する契約を寄託契約という（民657）。
組　合	２人以上が出資をして，共同の事業を営むことを約束することによって成立する契約を組合契約という（民667）。
終身定期金	当事者の一方が，自己，相手方または第三者の死亡に至るまで，定期的に金銭その他の物を相手方または第三者に給付することを約束することによって成立する契約を終身定期金契約という（民689）。
和　解	当事者が互いに譲歩をして，その間にある争いをやめることを約束することによって成立する契約を和解という（民695）。

（2）諾成契約，要式契約と要物契約

　両当事者の意思の合致（合意）のみによって成立する契約を諾成契約という。売買，賃貸借など多くの契約が，諾成契約である。

　これに対して，契約が成立するために，合意のほか，書面その他の方式が必要とされる場合を，要式契約という。たとえば，保証契約は，債権者と保証人となろうとする者との間の合意が書面でなされた場合に限り，その効力が生じ

104

る（民446②）。契約が成立するために，合意のほか，目的物の引き渡しが必要
とされる契約を，要物契約という。たとえば，消費貸借（民587）は要物契約で
ある。

（3）双務契約と片務契約

　契約の両当事者が相対する債務を負う契約を双務契約という。たとえば，売
買契約（民555）では，売主は商品を引き渡す債務を負い，これに対して買主は
代金を支払う債務を負う。当事者の一方だけが債務を負担する契約を片務契約
という。たとえば，贈与（民549），消費貸借（民587）などは片務契約である。

（4）有償契約と無償契約

　経済的に対価関係にたつ利益が授受される契約を有償契約という。たとえば，
売買契約（民555）では，買主が売主に代金を支払うのと引き換えに，売主から
買主に商品の所有権が移転される。これに対して，贈与（民549）のように，一
方だけが対価を支払わずに利益を得る契約を無償契約という。

2　意思表示

2.1　真意に対応しない表示

　契約は，両当事者による意思表示の合致によって成立する。しかし，当事者
の意思表示が真意に対応していない場合がある。このような場合として，民法
は，心裡留保（民93），虚偽表示（民94），錯誤（民95），詐欺（民96）および強迫
（民96）という 5 つの制度を定めている。

2.2　心裡留保

　真意でないことを自分で知りながら，真意とくい違った意思表示をすること
を心裡留保という。この場合には，本人の帰責性が大きいので，表示を信じた
相手方の信頼を保護する必要があるから，意思表示は原則として表示どおりの

効力を生ずる（民93①）。ただし，その表示が表意者の真意でないことを相手方が知っていた場合（悪意），あるいはふつうの注意をすれば真意でないことを知ることができた場合（過失）には，相手方を保護する必要はないので，その意思表示は無効となる（民93①但）。たとえば，AがBに，売るつもりもない不動産（時価1,000万円）を「100万で売りたい」と持ちかけた場合，Bが，Aが冗談で言っていることを知っているときや，Aが酒に酔ったうえで発言しているので，ふつうに注意すれば，だれでもAが真意でないことがわかるようなときには，Aの意思表示は無効である。

心裡留保による意思表示の無効は，善意の第三者に主張することができない（民93②）。

☑発展：心裡留保と善意の第三者

AはBに，冗談で，時価10万円相当の腕時計を「1万円でこの腕時計を売ろう」と発言したところ，BはAの冗談であることを知りつつ，1万円を渡して，Aから腕時計を購入した。Aは，しばらくしたら1万円をBに返金して，Bから腕時計を取りもどそうと思っていたところ，その間にBはその腕時計を，Cに転売してしまった。この場合，Cが，Aが冗談でBに腕時計を売却すると発言したことを知らない場合（善意），Aは，Cに対して意思表示の無効を主張して腕時計を取りもどすことはできない（民93②）

2.3 虚偽表示

相手方と通謀して，真意とくい違う偽りの意思表示をすることを虚偽表示という。この場合，本人の帰責性は大きいが，相手方は，真意とくい違う意思表示であることを知っているので，相手方を保護する必要はない。そこで，その意思表示は無効である（民94①）。しかし，無効な虚偽の意思表示であることを知らずに利害関係をもった第三者を保護する必要があるので，善意の第三者に対しては，表示どおりの効力が生じ，表意者は無効を主張することができない（民94②）。

たとえば，Aは，債権者の差し押さえをのがれるために，Bと話し合って，Aが所有する家屋をBに売却したようによそおい，Aの家屋名義をBに変更しておいた場合，A・B間の売買は無効である。しかし，Bが，事情を知らない第三者Cにその家屋を売却してしまった場合，善意のCは保護され，AはCに対して無効を主張して家屋を取り戻すことはできない。

2.4　錯誤

（1）錯誤の意義

思い違いから真意とくい違う意思表示をし，表意者がそれに気づかなかった場合を錯誤という。錯誤による意思表示の場合，表意者本人に落ち度があるので，表示を信じた相手方を保護する必要性は高い。そこで，民法は，錯誤による意思表示を取り消すことができる場合を限定している。

錯誤には，意思表示に対応する意思を欠く錯誤（民95①Ⅰ）と，表意者が法律行為の基礎とした事情についてその認識が真実に反する錯誤（民95①Ⅱ）の2類型がある。

（2）意思表示に対応する意思を欠く錯誤

意思表示に対応する意思を欠く錯誤（民95①Ⅰ）とは，たとえば，契約書に10万円と書くつもりで100万円と書いてしまった場合である。この類型の錯誤の場合，「その錯誤が法律行為の目的及び社会通念に照らして重要なものであるとき」（民95①）に限り，意思表示を取り消すことができる。

（3）表意者が法律行為の基礎とした事情についてその認識が真実に反する錯誤

表意者が法律行為の基礎とした事情についてその認識が真実に反する錯誤（民95①Ⅱ）とは，たとえば，買い主が，近くに地下鉄の駅ができると思い込んで，「このマンションを下さい。価格は1,800万円ですね。」といったが，実際には，地下鉄の駅ができる予定はなかった場合である。この場合，買い主が，「近くに地下鉄の駅ができる」と内心で思っただけでは，意思表示の内容を形

成しないし，売り主は買い主の内心を知り得ない。そこで，この類型の錯誤は，「その錯誤が法律行為の目的及び社会通念に照らして重要なものである」ことに加えて，「その事情が法律行為の基礎とされていることが表示されていたときに限り」（民95②），意思表示を取り消すことができる。したがって，売り主が，買い主に対して「近くに地下鉄の駅ができるから，このマンションを買います。」と表示したときに限り，マンションを買うという意思表示を取り消すことができる。

（4）錯誤の効果

　錯誤があった意思表示は，取り消すことができる（民95①）。しかし，表意者に重大な過失がある場合は，原則として，錯誤による意思表示を取り消すことはできない（民95③）。ただし，表意者に重大な過失があっても，相手方が表意者に錯誤があることを知っているときや，重大な過失によって知らなかったときは，相手方にも落ち度があるので，相手方を保護すべき必要性は低く，例外的に，錯誤による意思表示を取り消すことができる（民95③Ⅰ）。また，相手方も表意者と同一の錯誤に陥っていたときも，互いに誤解していた以上，法律行為の効力を維持する必要性は低く，錯誤による意思表示を取り消すことができる（民95③Ⅱ）。

　錯誤による意思表示の取消しは，善意・無過失の第三者に対して主張できない（民95④）

☑発展：電子消費者契約法と民法第95条第3項

　電子消費者契約法とは，正式には，電子消費者契約に関する民法の特例に関する法律という。電子消費者契約とは，「消費者と事業者との間で電磁的方法により電子計算機の映像面を介して締結される契約であって，事業者又はその委託を受けた者が当該映像面に表示する手続に従って消費者がその使用する電子計算機を用いて送信することによってその申込み又はその承諾の意思表示を行

うもの」（電子契約特2①）のことである。たとえば，インターネット通販である。

　電子消費者契約法第3条本文は，民法第95条第3項を適用しないと定めている。したがって，インターネット通販において，操作ミスで商品を購入した場合，その操作ミスに重大な過失があったとしても，消費者は錯誤に基づくとして意思表示を取り消すことができる。

　もっとも，電子消費者契約法第3条ただし書きは，「当該電子消費者契約の相手方である事業者（その委託を受けた者を含む。以下同じ。）が，当該申込み又はその承諾の意思表示に際して，電磁的方法によりその映像面を介して，その消費者の申込み若しくはその承諾の意思表示を行う意思の有無について確認を求める措置を講じた場合又はその消費者から当該事業者に対して当該措置を講ずる必要がない旨の意思の表明があった場合は，この限りでない。」として，民法第95条第3項を適用すると規定している。すなわち，事業者が消費者の申込み内容などの意思を確認するための適切な措置を設けている場合には，民法第95条第3項が適用されるので，操作ミスが重大な過失であるときには，消費者は意思表示を取り消すことができなくなる。

2.5　詐欺

　他人をだます行為を詐欺という。詐欺によってなされた意思表示は，表意者を保護する必要があるので，取り消すことができる（民96①）。しかし，詐欺による意思表示の取消しは，善意・無過失の第三者に対して主張することはできない（民96③）。

　たとえば，Aは有名な画家が描いた絵画を所有していたが，Bは，A所有の絵画は贋作であると偽って，Aをだましてその絵を安く売らせた。この場合，Aはこの売買契約を取り消すことができる。しかし，Bがその絵画を善意・無過失の第三者Cに転売した場合，AはCに対して売買の取消しを主張して絵画を返すように請求することはできない。

2.6　強迫

　害悪を告げて人に恐怖心をいだかせる行為を強迫という。強迫されてなされた意思表示は，取り消すことができる（民96①）。強迫の場合は，表意者に帰責

性がないことから，強迫による取消しは，善意・無過失の第三者に対しても主張できる（民96③）。

3　売買契約

3.1　売買契約の意義

　私たちはコンビニやスーパーで商品を購買するように，売買は，日常生活でしばしば締結される契約であるとともに，経済社会で重要な意味をもっている。

　売買とは，当事者の一方（売主）が，所有権などの財産権を相手方（買主）に移転することを約束し，相手方（買主）がその代金を支払うことを約束することによって，その効力を生ずる契約のことをいう（民555）。売買は，諾成・双務・有償契約である。

　売買契約を締結するときに，買主が売主にいくらかの金銭を渡すことがある。これを手付という。手付は，契約の履行を保証するためのものであるが，買主は渡した手付を放棄し，売主は受け取った手付の倍額を返せば，契約を解除することができる（解約手付。民557①）。ただし，相手方が契約の履行に着手した後は，解約手付による契約の解除はできない（民557①但）。民法第557条第1項は，手付を解約手付と推定した規定であるので，買主が売主に交付した金銭について，当事者が反対の意思を証明できれば，解約手付としての性質を否定することができる。

3.2　所有権の移転時期

　売買の目的物の所有権は，動産であれ不動産であれ，原則として売買契約の成立と同時に移転する（民176）。しかし，当事者が，代金を完済したときに所有権が移転するとか，移転登記したときに所有権が移転するとかなどの特約をしている場合には，それに従って所有権は移転する。

図7　登記事項証明書（不動産登記）の例

東京都特別区南都町1丁目101　　　　　　　　　　　　　全部事項証明書　　　　　（土地）

表　題　部　（土地の表示）		調製	余白		不動産番号	0000000000000
地図番号	余白		筆界特定	余白		
所　在	特別区南都町一丁目				余白	

①　地　番	②地目	③　地　積　㎡	原因及びその日付〔登記の日付〕
101番	宅地	300:00	不詳 〔平成20年10月14日〕

所　有　者　特別区南都町一丁目1番1号　甲 野 太 郎

権　利　部　（甲区）　　（所 有 権 に 関 す る 事 項）			
順位番号	登 記 の 目 的	受付年月日・受付番号	権利者その他の事項
1	所有権保存	平成20年10月15日 第637号	所有者　特別区南都町一丁目1番1号 甲 野 太 郎
2	所有権移転	令和1年5月7日 第806号	原因　令和1年5月7日売買 所有者　特別区南都町一丁目5番5号 法 務 五 郎

権　利　部　（乙区）　　（所 有 権 以 外 の 権 利 に 関 す る 事 項）			
順位番号	登 記 の 目 的	受付年月日・受付番号	権利者その他の事項
1	抵当権設定	令和1年5月7日 第807号	原因　令和1年5月7日金銭消費貸借同日設定 債権額　金4,000万円 利息　年2.60%（年365日日割計算） 損害金　年14.5%（年365日日割計算） 債務者　特別区南都町一丁目5番5号 　　　　法 務 五 郎 抵当権者　特別区北都町三丁目3番3号 　　　　株 式 会 社 南 北 銀 行 　　　　（取扱店　南都支店） 共同担保　目録㈱第2340号

共　同　担　保　目　録				
記号及び番号	㈱第2340号		調製	令和1年5月7日
番　号	担保の目的である権利の表示	順位番号		予　　備
1	特別区南都町一丁目　101番の土地	1		余白
2	特別区南都町一丁目　101番地　家屋番号　1 01番の建物	1		余白

＊　下線のあるものは抹消事項であることを示す。　　　整理番号　D12445　（1/3）　　1／2

（出典）　法務省『【参考1】登記事項証明書（不動産登記）の見本』（http://www.moj.go.
jp/content/001309855.pdf（最終閲覧日：2023年12月11日））。

3.3 不動産所有権の対抗要件

不動産の買主が，売主以外の第三者に対して，自分が所有者であるということを主張（対抗）するためには，登記が必要である（民177）。Aが自分の土地をBに売ったあと，さらにCにもその同じ土地を売った場合（二重売買），Bが登記をする前に，Cが先に登記をすると，Bは先に買ったにもかかわらず，Cに対して所有者であることを主張することができず，Cが完全な所有権を取得する。もちろん，Bは，売主Aに対して損害賠償請求をすることができる。

不動産の登記は，法務局，地方法務局またはこれらの出張所に備えつけられている登記簿に権利変動を記載しておこなわれる。登記簿とは，登記記録が記録される帳簿であって，磁気ディスクをもって調製するものである（不登2Ⅸ）。登記記録は，表題部と権利部から成る（不登12）。表題部には，どこにどのような不動産が存在するかが表示される（不登2Ⅶ）が，民法第177条の「登記」にはあたらない。権利部には，不動産の「権利に関する登記」が記録される（不登2Ⅷ）。権利に関する登記が，民法第177条の「登記」にあたる。権利部は，甲区と乙区に分かれ，甲区には所有権に関する事項，乙区には所有権以外の権利に関する事項が記載される。

3.4 動産所有権移転の対抗要件と即時取得

（1）動産の所有権移転の対抗要件

動産の買主が，売主以外の第三者に対して，自分が所有者であるということを主張（対抗）するためには，原則として動産の引渡しを受けなければならない（民178）。引渡しには，4つの方法がある。

①現実の引渡し

売主から買主が実際に動産の引渡しを受ける場合である（民182①）。

②簡易の引渡し

買主がすでに売主から動産を預かっている場合には，買主に引き渡すという

意思表示をすればよい（民182②）。

③占有改定

　動産の売却後も，売主がそのまま借りておくような場合には，売主が今後は買主のために占有するという意思表示をするだけでよい（民183）。

④指図による占有の移転

　第三者が，売主のために動産を預かっているときに，売主がその第三者に対して，今後は買主のために保管するように指図し，買主も第三者が保管することに承諾すると，売主から買主へ引渡しがおこなわれたことになる（民184）。

（2）動産の即時取得

　動産の所有者でない者から動産を買った場合，買主は，本来はその動産の所有権を取得できないはずである。しかし，動産には登記のように所有権を公示する制度がなく，ひんぱんに取引されるので，動産を取得しようとする者に，相手方の所有権の確認を求めると，迅速な取引がそこなわれることになる。そこで，民法は，動産の占有者を所有者だと信じ（善意），かつ，そう信じたことに過失がなかった買主を保護し，所有権の取得を認める（民192）。これを，動産の即時取得という。たとえば，Bは，所有者Aから預かったパソコンを，自分の所有物だと称してCに売却した場合，Cは本来ならばパソコンの所有権を取得することができないはずである。しかし，民法第192条によると，Cが，パソコンの売買契約時にAを真実の所有者だと信じ，かつ，そのように信じたことについて過失がなかった場合には，Cがパソコンの引渡しを受けたときに，パソコンの所有権を取得することができる。なお，動産の元の所有権者（A）は，売主（B）に対して損害賠償を請求することができる。

　もっとも，動産が盗品または遺失物の場合には，真実の所有者は，盗難または遺失のときから2年間は，その物の占有者に対して返還を求めることができる（民193・194）。

3.5 債権譲渡

　債権は原則として自由に譲渡できる（民466①）。つまり，債権も原則として売買の目的物になる。

　ただし，画家が有名人Aの肖像画を描く債務のように，債務者にとって債権者が変更すると困る場合など，債権の性質が譲渡を許さないときは，その債権の譲渡は効力を生じない（民466①但）。

　また，当事者間で債権譲渡を禁止し，または制限する特約を締結しているときであっても，債権譲渡の効力は妨げられない（民466②）。したがって，この場合，新しい債権者は，譲受人であって，譲渡人ではない。もっとも，債務者にとって債権譲渡禁止・制限特約を付する目的は，弁済の相手方を固定することにより，見知らぬ第三者が弁済の相手方となることを防ぐことにあるので，譲受人が特約の存在を知り，または重大な過失によって知らなかったときは，債務者は，元の債権者に弁済すれば，債務を消滅させることができる（民466③）。

　☑発展：債権譲渡の自由

　　金銭債権の場合，債権者は債務者から弁済を受けることにより，債権の目的は実現される。ところで，当該金銭債権を買い取ってくれる人がいて，その債権の代金の支払いを受けることによっても債権の目的は実現される。また，債務者は弁済期になってはじめて弁済するが，債権者が，弁済期より前に現金が必要な場合，債権の額面よりも安くなったとしても，その債権を売却し現金化できるならば，債権者にとって利益がある。

　　他方で，金銭債権を額面よりも安く買った者も，弁済期に債務者から債務の全額が支払われるならば，その差額が利益となる。このようなことから，債権は原則として自由に譲渡することができるとされている。

3.6　売主の義務・責任

（1）財産権移転義務

売買契約に基づいて，売主は買主に対して財産権を移転する義務を負う（民555）。また，売主は，買主に対して，登記などの対抗要件を買主に具備させる義務を負う（民560）。

（2）契約不適合責任

売主が買主に引き渡した目的物が，種類，品質または数量に関して契約の内容に適合しないものであるとき，売主は契約不適合責任を負う。

①追完請求権

履行の追完ができそうなときは，買主は，売主に対し，（ a ）目的物の修補，（ b ）代替物の引渡し，または（ c ）不足分の引渡しによる履行の追完を請求できる（民562①）。追完の具体的な方法については，原則として，買主が選択できる。

②代金減額請求権

買主が相当の期間を定めて履行の追完を催告したにもかかわらず，売主が履行の追完をしないときは，買主は代金の減額を請求することができる（民563①）。

なお，（ a ）履行の追完が不能であるとき，（ b ）売主が履行の追完を拒絶する意思を明確に表示したとき，（ c ）契約の性質または当事者の意思表示により，特定の日時または一定の期間内に履行をしなければ契約をした目的を達することができない場合において，売主が履行の追完をしないでその時期を経過したとき，または（ d ）（ a ）～（ c ）の場合のほか，買主が催告をしても履行の追完を受ける見込みがないことが明らかであるときは，買主は，催告なしに代金減額請求をすることができる（民563②）。

③損害賠償請求権

　買主に引き渡された目的物が，種類，品質または数量に関して契約の内容に適合しないものであるとき，買主は売主に対し，民法第415条の規定にしたがい，損害賠償の請求をすることができる。売主が履行の追完をしても，契約で合意された期日よりも履行が遅れた場合には，買主は売主に対して損害賠償を請求することができる。

④解除権

　契約不適合が軽微ではなく，契約目的を達成できないときは，買主は契約を解除することができる（民564）。

3.7　買主の義務

　売買契約に基づいて，買主は売主に対して代金を支払う義務を負う（民555）。なお，買主が目的物を受領しない場合，売主の目的物保管義務は軽減され（民413①），履行費用が増加したときは買主の負担となる（民413②）。

④　債権の担保

4.1　物的担保と人的担保

　債務者が債務を履行しない場合に備えて，債権者は，債権が確実に実現され，損失が発生しないようにするために，あらかじめ何らかの手段を講じておく必要がある。たとえば，金銭消費貸借の債務者は，支払期日になっても債権者に支払をしない場合，債権者が債務者の財産を差し押さえて競売にかけたとしても，差し押さえた財産の財産的価値が低いときは，債権者は債権の回収ができず，貸したお金が返ってこないことにより損害を被ることになる。そのため，担保という制度が存在する。担保には，財産的価値ある物を債権の担保とする物的担保と債務者以外の人の信用力を担保とする人的担保がある。

　物的担保には，法律によって当然に認められる法定担保物権と，当事者間の

116

契約によって生ずる約定担保物権がある。法定担保物権には，留置権（民295）と先取特権（民303）がある。民法で規定されている約定担保物権には，質権（民342）と抵当権（民369）がある。民法で規定されていない約定担保物権として，譲渡担保や所有権留保がある。

4.2　物的担保

（1）債権者平等の原則

　1人の債務者に対して何人もの債権者がいる場合，債権者は，債務者の財産に対してお互いに平等の権利をもち，他の債権者に優先して権利を行使することはできない。例えば，債務者Xの全財産が5,000万円であるにもかかわらず，債権者Aは4,500万円，Bは3,000万円，Cは7,500万円の債権を持っている場合，債権の合計額は1億5,000万円であり，債務者の全財産よりも多いので，債権者の債権額に比例して分配される。具体的には，Xの財産を差し押さえた上で，競売手続により換金し，Aに1,500万円，Bに1,000万円，Cに2,500万円が配当される。これを，債権者平等の原則という

　債権者平等の原則によると，債権者が多くなればなるほど，債権を回収できなくなる危険性が高まる。そこで，他の債権者に優先して，債権を回収できる手段として，担保物権の制度が必要となる。

（2）法定担保物権

①留置権

　他人の物を占有している者が，その物に関して生じた債権の弁済を受けるまで，その物を自分のところに留置することができる権利を，留置権という（民295）。たとえば，自動車整備業者Aが，Bから自動車の修理を頼まれた場合に，Bが修理代金を支払うまで，Aは自動車の引き渡しを拒むことができる。

　留置権は，物を留置しておくことによって，債務者の弁済をうながすもので，留置した物を金銭に換えて，他の債権者に優先して弁済を受けることはできない（民295）。なお，商人間の留置権は，債権がその物に関して生じたというこ

とは必要ではなく，債権者が債務者の所有物を商取引によって占有していれば
成立する（商521）。

②先取特権

　法律の定める一定の債権者が，債権者間の実質的公平の確保や社会的弱者の
債権の保護などの観点から，債務者の全財産また特定の財産から優先して弁済
が受けられる権利を先取特権という（民303）。たとえば，従業員の給料は，使
用者の全財産から他の債権に優先して弁済を受けることができる（民306Ⅱ・
308）。

（3）約定担保物権
①質権

　債権の担保として，債務者または第三者が債権者に引き渡した物（質物）を，
債務の弁済があるまで債権者が占有し，弁済期がきても弁済がない場合には，
質物を競売してその代金から他の債権者に優先して弁済を受けることができる
権利を，質権という（民342）。たとえば，BがAから100万円を借りるために，
Bが，担保として，自己所有の宝石をAに引き渡す場合である。Aは，Bから
100万円の返済を受けるまで，その宝石を自分のもとに置いておくことによっ
て，Bに対して返済をうながすとともに，Bが100万円を返済しないときは，
Aはこの宝石を競売してその代金から他の債権者に優先して弁済を受けること
ができる。BがAから100万円を借りるために，第三者Cが，Bの債務を担保
するために，C所有の宝石をAに引き渡すこともできる。このように他人の債
務を担保するために，自己の財産を提供する者を物上保証人という。
　質権は，債権者と債務者（または第三者）との間で，質権を設定する契約を
結び，債権者に目的物を引き渡すことによって成立する（民344）。この場合，
債権者が質権者であり，債務者（または第三者）が質権設定者である。質権の
目的物は，動産，不動産，債権などである。しかし，法律上譲渡できない物は，
質入れすることはできない（民343）。たとえば，国民年金法第24条は，年金給

付を受ける権利を譲渡したり，担保に供したりすることはできないと規定している。

　質権者は，質権設定者に質物を占有させることはできない（民345）。質権設定契約や弁済期前の契約で，債務者が弁済期に弁済しないときは，質物を質権者の所有物にするという流質契約を結ぶことは禁止されている（民349）。これは，債務者が，経済的困窮につけこまれ，債務額よりもはるかに高価な質物について流質契約を結ばされてしまう危険性があるからである。債務の弁済期後の流質契約は有効である。なお，質屋営業の許可を受けた質屋による質権や，商取引上の債権を担保するための質権については，流質契約が認められている（質屋1・18，商515）。

②抵当権

　債務者または第三者が，不動産を占有したまま債権の担保に供し，債務者が弁済期に弁済しない場合に，債権者が，その不動産を競売し，その代金から他の債権者に優先して弁済を受けることのできる権利を，抵当権という（民369①）。なお，不動産のみならず，地上権・永小作権も抵当権の対象とすることができる（民369②）

　抵当権は，目的物を，債務者または第三者に占有させたままで成立する（非占有担保）。そのため，債務者は，抵当権を設定した目的物を占有し，使用収益し続けることができる。たとえば，Bが，マイホームを購入するために，金融機関Aからお金を借り（住宅ローン），そのマイホームにAのために抵当権を設定した場合，Bは，住宅ローンの返済が完了していなくても，その住宅に住むことができる。しかし，Bが，住宅ローンを返済できなくなったときは，Aは，Bの家を競売し，その代金から他の債権者に優先して弁済を受けることができる。また，抵当権は非占有担保であるので，債権者が，抵当権をもっていることを，他の債権者などの第三者に主張（対抗）するためには，登記をしなければならない（民177）。

　抵当権は，同じ不動産に対していくつも設定することができる。登記した順

に，第1順位の抵当権（一番抵当），第2順位の抵当権（二番抵当）などと呼ばれ，その順位にしたがって優先弁済を受ける（民373）。

たとえば，XがA，BおよびCからお金を借り，X所有の不動産のうえに，Aが2,000万円，Bが1,000万円，Cが3,000万円の抵当権を設定し，A・B・Cの順に登記した。この不動産が競売されて，4,000万円で売却されたとすると，その競売代金から，第1順位の抵当権者Aは2,000万円全額の弁済を受け，第2順位の抵当権者Bは1,000万円全額の弁済を受けるが，第3順位の抵当権者Cは1,000万円しか回収できないことになる。

先順位の抵当権を有する債権者に弁済されると，先順位の抵当権は当然に消滅し，後順位の抵当権の順位は繰り上がる。

☑発展：根抵当権

抵当権は，特定の債権を特定の不動産で担保する手段である。しかし，継続的な取引関係がある場合などは，債権の額が変動したり，債権の消滅・変更が繰り返されることがある。その都度に，抵当権を設定し，登記し，弁済のたびに抹消登記を行うとなると，手間と費用がかかり，非常に不便である。

そこで，一定の限度額（極度額）を決めて抵当権を設定し，その範囲内で将来発生する不特定の債権を担保する根抵当権という制度がある（民398の2～398の22）。根抵当権の設定が認められる不特定の債権は，①債務者との特定の継続的取引契約から生ずる債権（たとえば，当座貸越契約），②債務者との一定の種類の取引（たとえば，銀行取引）から生じる債権，③特定の原因に基づいて債務者との間に継続して生じる債権に限られている（民398の2②・③）。

---

③譲渡担保

債権を担保する目的で，債務者（または第三者）がその財産の所有権を債権者に譲渡しつつも，その財産を債務者（または第三者）が利用し続けることができるという担保方法を，譲渡担保という。債務者が債務を弁済すれば，その財産の所有権は債務者に戻る。たとえば，工場を経営しているXは，Aから

100万円を借りる担保として，Xは，工作機械の所有権をAに移転し，それを
Aから借りた形でその工作機械を使用することにし，Xが100万円を返済した
ときには，工作機械の所有権をXに戻す，という担保方法である。XがAに支
払う賃料は，借入金の利息に相当する。

　質権の場合は，質物の占有は質権者に移るので，債務者（質権設定者）はそ
の質物を使用することができない。これに対して，譲渡担保の場合は，債務者
が，担保の目的物を占有し続けるので，その目的物を使用することができる。
抵当権の場合，債務者（抵当権設定者）は，担保の目的物を占有し続けること
ができるが，抵当権の目的物は原則として不動産である。これに対して，譲渡
担保の場合は，動産も担保の目的物とすることができる。

　動産についての譲渡担保の場合，対抗要件は，引渡し（民178）または動産譲
渡登記（動産債権譲渡特3①）である。

④所有権留保
　商品売買において，買主が代金の全額を支払うまで，その商品の所有権を売
主に留保することで，代金債権を担保する方法を所有権留保という。たとえば，
割賦販売契約において，商品は買主に引き渡されて，買主はその商品を使用す
ることができるが，その商品の所有権は，代金が全額支払われるまで売主にあ
る（割賦7）。また，消費者が商品をクレジットカードを用いて，分割払いで購
入する場合，信販会社が販売業者に代金を一括払いして，消費者は，代金を立
て替えた信販会社に代金を分割して支払うことになるが，代金が完済されるま
で商品の所有権は信販会社にある（割賦7）。

4.3　人的担保
（1）人的担保の意義
　物的担保は，債務者が財産的価値ある物をもっている場合にしか，担保とし
て利用できない。そこで，債務者が財産的価値ある物，すなわち担保に値する
物をもっていない場合にも，債権の確実な回収を図るようにするための方法と

して，債権者が，債務者以外の第三者の財産や信用を担保とする人的担保の制度がある。人的担保には，保証債務（民446），連帯保証（民454），連帯債務（民436）がある。

（2）保証債務

　債務者が債務を履行しない場合に，債務者以外の第三者が債務者に代わって債務を履行する義務を負うことを，保証という。この場合，第三者が負う義務を保証債務といい，保証債務を負う第三者を保証人という（民446①）。本来の債務者を，主たる債務者という。保証は，債権者と保証人となろうとする第三者との間で，書面または電磁的記録により保証契約が結ばれたときに成立する（民446②・③）。

　保証債務は，主たる債務の履行を担保するものであるから，主たる債務が不成立であれば，保証債務も成立しない。主たる債務が，弁済等の事由により消滅した場合には，保証債務も当然に消滅する。保証債務は，その目的または態様が主たる債務より重いことは許されない（民448①）。

　保証人は，主たる債務者が履行しない場合に，代わって債務を履行する義務を負うだけである。したがって，債権者が，主たる債務者に履行の請求をしないで，保証人に請求してきた場合には，保証人には「先に主たる債務者に催告してくれ」といえる催告の抗弁権が認められている（民452）。また，主たる債務者に催告した後に，保証人に履行を請求した場合であっても，①主たる債務者に弁済をする資力があり，かつ，②執行が容易であることを証明したときは，保証人には「先に主たる債務者の財産を執行してくれ」といえる検索の抗弁権が認められている（民453）。

　保証人が，主たる債務者の委託を受けて保証をした場合において，主たる債務者に代わって弁済をしたときは，その保証人は，主たる債務者に対し，そのために支出した財産の額の求償権を有する（民459①）。

（3）連帯保証

　保証人が，主たる債務者と連帯して債務を負担することを，連帯保証という。連帯して債務を負担するというのは，保証人が主たる債務者と並んで債務を負うことを意味する。したがって，連帯保証人には，催告の抗弁権も検索の抗弁権も認められていない（民454）。債権者は，主たる債務者と連帯保証人のどちらに対しても，同じように履行を請求することができる。そのため，実務においては，連帯保証がしばしば用いられる。

　☑発展：保証人の保護

　　知人に保証人になってくれと頼まれ，保証の内容についての理解が不十分なまま，貸主との間で保証契約を締結し，貸主から履行を求められてはじめてその重大性に気付くとともに，保証人が過酷な状況に追い込まれることが多い。そこで，保証人を保護するための制度が整備されている。

　　民法第446条第2項は，「保証契約は，書面でしなければ，その効力を生じない。」と規定し，同条第3項は，「保証契約がその内容を記録した電磁的記録によってされたときは，その保証契約は，書面によってされたものとみなして，前項の規定を適用する。」と規定する。これは，保証契約一般に書面の作成を要求することにより，保証人になることを慎重ならしめている。また，保証人が，事業のために負担した貸金債務等について個人保証契約を締結する際には，その契約の締結前の1か月以内に，公正証書によって保証人が保証の意思を表示しなければ効力を生じない（民465の6①・②）。これは，個人がリスクを十分に自覚せず安易に保証人になることを防止するために，公的機関である公証人に保証人になるとする者の保証意思を事前に確認させるものである。

　　民法第458条の2は，債権者に委託を受けた保証人への情報提供義務を課している。すなわち，保証人が主債務者の委託を受けて保証をした場合には，債権者は，保証人の請求があったときは，遅滞なく，主債務の元本や利息などについて，それぞれの不履行の有無に加え，未払いの各債務残額，そのうちの弁済期到来分の額に関する情報を提供しなければならない。

（4）連帯債務

　複数の債務者が同一内容の債務についてそれぞれ独立して全部を履行する債務を負担していて，そのうちの誰かが全部の履行をすればすべての債務者の債務が消滅するという関係を，連帯債務という（民436）。連帯債務において，債権者は，連帯債務者の1人に対し，またはすべての連帯債務者に対し，同時または順次に，債務の全部または一部の履行を請求することができる（民436）。連帯債務者の1人が弁済などで共同の免責を得たときは，その債務者は，その免責を得た額が自己の負担部分を超えるかどうかにかかわらず，他の連帯債務者に対し，その免責を得るために支出した財産の額のうち各自の負担部分に応じた額の求償権を有する（民442①）。

　たとえば，A・B・CがXに300万円の連帯債務を負っている場合，XはA・B・Cのいずれに対しても，300万円全額を請求することができる。もしAが300万円を弁済すれば，B・Cの債務は消滅する。そして，A・B・Cの負担部分が平等であるとするならば，Aは，B・Cそれぞれに100万円を求償することができる。

　また，連帯債務者の1人について無効・取消しの原因があっても，他の連帯債務者の債務はなくならない（民437）。

　なお，連帯債務者相互に密接な関係がないこともあるので，連帯債務者の1人に対する履行の請求は，他の連帯債務者に対しては効力を生じない（民441）。

5 不法行為責任

5.1 一般の不法行為

　故意または過失によって他人の権利または利益を侵害し，他人に損害を生じさせる行為を不法行為といい，加害者は被害者に対して損害を賠償する責任を負う（民709）。たとえば，Aが自動車を不注意で運転して，Bにけがをさせてしまった場合，AはBにその損害を賠償しなければならない。

　不法行為の要件は，①加害者に故意または過失があること，②他人の権利ま

たは法律上保護される利益の侵害があること，③損害の発生があること，④加
害者の行為と損害の発生との間に因果関係があること，および⑤加害者に責任
能力があることである。

（1）加害者に故意または過失があること

　他人の権利または利益に対する侵害があったとしても，加害者に故意または
過失がない限り，加害者は損害を賠償する責任を負わない。これを過失責任の
原則という。過失責任の原則は，近代私法の基本原則の一つであり，過失のな
い行為については損害賠償責任を負わせないことにより，人々の自由な活動を
保障する役割を果たしてきた。しかし，公害などについて，過失責任の原則を
そのまま適用すると，過失の証明が難しいために，被害者の救済に十分でない
事態が生じたことから，一定の場合には，過失がなくても加害者は損害賠償責
任を負うとする無過失責任が認められるようになった。たとえば，大気汚染防
止法第25条第1項は，「工場又は事業場における事業活動に伴う健康被害物質
……の大気中への排出……により，人の生命又は身体を害したときは，当該排
出に係る事業者は，これによつて生じた損害を賠償する責めに任ずる。」とし
て，無過失責任を定めている。

　故意とは，自分の行為が他人の権利・利益を侵害することを知りながらあえ
てその行為をする心理状態をいう。過失とは，社会生活上要求される注意を
怠ったことをいう。すなわち，結果が発生することを予見できたのに，結果の
発生を予見しないで，結果の発生を回避しなかったとき，過失がある。

（2）他人の権利または法律上保護される利益の侵害があること

　法律で定められた権利だけでなく，法律上保護される利益もまた，不法行為
の保護の対象になる。

（3）損害の発生があること

　損害は，財産的な損害だけでなく，生命・身体・自由・名誉などを侵害され

たことによる精神的な損害についても認められる（民710・711）。精神的な損害に対する賠償金を，慰謝料という。

（4）加害者の行為と損害の発生との間に因果関係があること

被害者の損害賠償請求が認められるためには，加害者の行為と損害の発生との間に因果関係があることが必要である。ここでの因果関係は，故意・過失と権利・利益侵害との間の因果関係と，権利・利益侵害と損害との間の因果関係の2つから成り立っている。

（5）加害者に責任能力があること

責任能力とは，自己の行為の責任を弁識する能力である。不法行為時に責任能力がなかった者は，損害賠償責任を負わない。未成年者が，自己の行為の責任を弁識するに足りる知能を備えていなかった場合は，責任無能力者である（民712）。もっとも，未成年者でも12歳程度になると，責任能力が認められる。また，精神上の障害により自己の行為の責任を弁識する能力を欠く状態にある間に他人に損害を加えた者（民713）も，責任無能力者であり，不法行為責任を負わない。責任無能力者が不法行為責任を負わない場合には，責任無能力者の監督義務者が損害賠償責任を負う（民714）。

以上の要件のうち，（1）〜（4）の要件については，損害賠償を求める被害者側が証明しなければならない。これを挙証責任という。

また，不法行為による損害賠償請求権は，損害と加害者を知った時から3年，不法行為の時から20年で消滅する（民724）。ただし，人の生命または身体を害する不法行為による損害賠償請求権は，損害と加害者を知った時から5年，不法行為の時から20年で消滅する（民724の2）。

5.2 特殊な不法行為

（1）共同不法行為

数人が共同の不法行為によって他人に損害を加えたときは，各自が連帯して

損害賠償責任を負う（民719①）。津地四日市支判昭和47年 7 月24日判時672号30頁は，四日市ぜんそく訴訟において， 6 社の工場がばい煙を継続して大気中に排出していたところ， 6 社に共同不法行為が成立するとして，損害賠償責任を認めた。

（2）使用者責任

　事業のために他人を使用する者は，被用者がその事業の執行について第三者に加えた損害を賠償する責任を負わなければならない（民715①）。これを使用者責任という。たとえば，運送会社のトラックの運転手が，不注意な運転によって自動車事故を起こし，他人を負傷させた場合，使用者である会社が損害賠償責任を負わなければならない。使用者責任が認められる理由は，会社（使用者）は，多くの従業員（被用者）を使用することによって利益をあげているので，従業員が仕事に関連して他人に損害を与えた場合には，会社に損害賠償の責任を負わせるのが公平であり，しかも被害者の救済に役立つからである。

　なお，使用者が被害者に対して損害賠償した場合，不法行為をした被用者に対し求償権を行使することができる（民715③）。

（3）工作物責任

　ビルの外壁が剥がれて落下して通行人にあたり，負傷した場合のように，建物や塀などのような土地の工作物の設置または保存に瑕疵があって，他人に損害を与えた場合には，その工作物の占有者は損害賠償責任を負う（民717①）。ただし，占有者が損害の発生を防止するのに必要な注意をしていたときは，所有者が損害賠償責任を負う（民717①但）。工作物の所有者が負う損害賠償責任は，無過失責任である。

（4）動物占有者の責任

　動物が他人に損害を加えた場合には，動物の占有者または管理者が原則として損害賠償の責任を負う。ただし，動物の種類および性質にしたがって，相当

の注意をもって管理していたときは，損害賠償責任を免れる（民718）。これは，動物の管理に際しての過失の挙証責任を転換したものであり，加害者の側で過失がなかったことを証明しなければならない。

（5）法人の不法行為責任

法人の役員等が，その職務をおこなうについて，法人の目的の範囲内と認められる行為をし，それによって他人に損害を与えた場合には，法人は，当該役員等とともに損害賠償責任を負う（一般法人78，会社350）。たとえば，出版社Aの代表取締役Bが，Aの発行している雑誌で，Cの名誉を毀損する記事を掲載した場合，Cは，出版社A，代表取締役Bいずれに対しても損害賠償請求ができる。

（6）国家・地方公共団体の賠償責任（国家賠償責任）

日本国憲法第17条は，公務員の不法行為による損害に対して，国または公共団体にその賠償を求める権利（国家賠償請求権）を規定している。これを受けて，国家賠償法は，国または公共団体の公権力の行使にあたる公務員が，その職務を行うにあたり，故意または過失によって違法に他人に損害を加えたときは，国または公共団体が損害賠償の責任を負うと定めている（国賠1①）。これは，使用者責任の特則である。熊本地判平成13年5月11日判時1748号30頁は，国立療養所などで生活するハンセン病の元患者らが，らい予防法などによる約90年間におよぶ隔離政策で人権を侵害されたとして，国家賠償請求をした事案について，昭和35年以降，ハンセン病は隔離が必要な疾患ではなく，らい予防法の隔離規定の違憲性が明白になっていたにもかかわらず，厚生省（当時）が平成8（1996）年の同法廃止まで隔離政策の抜本的な変換などを怠り，国会も遅くとも昭和40年以降同法の隔離規定を改廃しなかったのは国家賠償法上の違法性および過失があるとして，原告全員への賠償を命じた。

また，道路，河川その他の公の営造物の設置または管理に瑕疵があったため，他人に損害が生じたときは，国または公共団体は損害賠償責任を負う（国賠2）。これは，工作物責任の特則である。

（7）自動車の運行供用者の責任

　自動車事故については，被害者救済のために，自動車損害賠償法がある。自動車を運転していて他人の生命または身体に対する人身事故を起こした場合，自分のために自動車を運行させている者（運行供用者）が損害賠償責任を負う（自賠3）。ただし，運行供用者が，①自己および運転者が自動車の運行に関し注意を怠らなかったこと，②被害者または運転者以外の第三者に故意または過失があったこと，ならびに③自動車に構造上の欠陥または機能の障害がなかったことの3要件を証明した場合には，損害賠償責任を免れることができる（自賠3但）。

<table>
<tr><td rowspan="2" style="width:3em;">第 **7** 章</td><td>株式会社と法</td></tr>
</table>

1　企業の種類

　企業は，労働・資本・土地の生産要素を用いて，財やサービスの生産・販売活動を行う経済主体である。企業には，国や地方公共団体が出資し運営する公企業，民間が出資し運営する私企業，公的機関と民間が共同で出資する公私混合企業（公私合同企業）に大別される。

表14　企業の種類

			株式会社	
私企業	法人企業	会社企業		
			持分会社	合資会社
				合名会社
				合同会社
		組合企業	農業協同組合など。	
	個人企業	一般の農家や商店など。		
公企業	地方公営企業	都市交通，上下水道，ガス事業など。		
	独立行政法人	国立印刷局，造幣局など。		
	公社	地方住宅供給公社など。		
	公庫	日本政策金融公庫など。		
公私混合企業 （公私合同企業）	NTT，JT，日本銀行，日本赤十字社，第三セクターなど。			

2　会社の種類

会社企業は，株式会社と持分会社に区別される。持分会社には，合名会社，

合資会社，および合同会社がある。合名会社は，１人以上の出資者（社員）で構成され，社員全員が，会社債権者に対して会社債務の全額について直接，連帯して無限責任を負う（会社576②・580①）。合資会社は，２人以上の出資者（社員）で構成され，会社債権者に対して会社債務の全額について直接，連帯して無限責任負う無限責任社員と，出資額を限度として，会社債権者に対して責任を負う有限責任社員に分かれる（会社576③・580②）。合同会社は，１人以上の出資者（社員）で構成され，社員全員が出資額を限度とした有限責任しか負わない（会社576④・580②）。

表 15　会社の種類

会社の種類		出資者	経営者	持分譲渡	特　徴
株式会社	公開会社	株主（有限責任社員）。	取締役３人以上。	原則自由。	所有と経営の分離。多数の資本を要する会社に適する。
	非公開会社	株主（有限責任社員）。	取締役１人以上。	株主総会または取締役会の承認が必要。	中小規模の会社が多い。
持分会社	合名会社	無限責任社員。	原則として，社員全員。	他の社員全員の承諾が必要。	所有と経営の一致が原則。家族経営の小規模会社が多い。
	合資会社	無限責任社員と有限責任社員。	原則として，社員全員。	原則として他の社員全員の承諾が必要。ただし，業務を執行しない有限責任社員は，業務を執行する社員全員の承諾で足りる。	所有と経営の一致が原則。小規模会社が多い。
	合同会社	有限責任社員。	原則として，社員全員。	原則として，他の社員全員の承諾が必要。ただし，業務を執行しない有限責任社員は，業務を執行する社員全員の承諾で足りる。	所有と経営の一致が原則。ベンチャー企業に適する。利益の分配など，会社内部の取り決めは自由。

③ 株式会社の特徴

　株式会社は，株式を発行してひろく一般投資家から資金を集め，それをもとにして設立される会社である。株式の所有者を株主という。株主は，持ち株数に応じて（会社109①），株主総会で議決権をもち（一株一議決権。会社308），配当を受ける権利（会社454③）を有する。株式会社が負債を抱えて倒産した場合，株主は株式の価値が無価値になるだけで，引き受けて払い込んだ株式の価額以上の責任を負わない（株主有限責任の原則。会社104）。株主有限責任の原則により，株主は，会社の債務について，出資限度内でしか責任を負わない。そのことにより，株式会社への投資のリスクが減少し，株式会社は多数の者から資金を集めることができる。

　株式会社では，会社の所有者と経営者の分離が進み（所有と経営の分離），会社の所有者である株主は，株主総会で経営の専門家である取締役を選任し（会社329），取締役が会社の経営を行う（会社348）。

　株主は有限責任しか負わないことから，株式会社の債権者を保護するために，会社財産が確保されている必要がある。そのため，残余財産の分配（会社504）や分配可能額の範囲内でなされる自己株式の取得（会社461）等の場合を除いて，会社は株主に対して出資金を払い戻すことができない。そこで，株主が投下資本を回収することができるようにするために，会社法は株式譲渡の自由を認めている（会社127）。

　ただし，会社にとって好ましくない者が，株式を譲り受けて株主になることを阻止するために，譲渡による株式の取得について会社の承認を要する旨を定款で定めることができる（会社107①Ⅰ・108①Ⅳ）。このような株式を譲渡制限株式という（会社2ⅩⅦ）。少なくとも一種類の株式については定款に譲渡制限を定めていない株式会社を公開会社（会社2Ⅴ），すべての種類の株式について譲渡制限をつけている株式会社を非公開会社という。

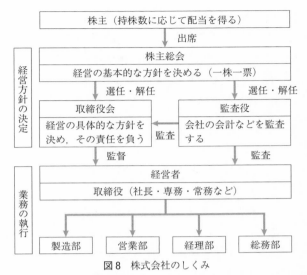

図8　株式会社のしくみ

出典：谷田部玲生ほか『高等学校　新公共』第一学習社，令和5（2023）年，125頁。

④　株式

　株式会社の社員としての地位を株式という。株主とは，株式の持ち主のことである。従来は，株式会社は，株式をあらわす株券を発行しなければならなかった。しかし，平成16（2004）年の商法改正で株券不発行制度が新設され，定款で定めれば，株券を不発行とすることができるようになった。平成21（2009）年からは，上場企業を対象に株券をすべて廃止され，電子的に管理されるようになった（株券のペーパーレス化）。

　株式が証券取引所に上場されると，投資家は株式を自由に売買できるようになる。企業は株式を上場すると，株式市場から資本金を調達できるとともに，上場企業として社会的な信用が増すというメリットがある。その反面，上場を維持するためにコストがかかり，時には市場で過半数の株式が買われてしまい，企業の経営権がその買主に移る危険もある。

株価は需要と供給の関係で決まり，業績が上がると，買い注文が増え株価が上昇する。株主は，株価が上昇した時点で株式を売却すると，売却益（キャピタルゲイン）を得ることができる。業績が悪化すると，売り注文が増え株価は下落し，株主は買ったときよりも株価が下がっていれば，含み損を抱えることになる。もっとも，株価の変動要因は，複雑であり，社会・経済の状況もまた株価に影響を与える。

⑤ 株式会社の設立手続き

株式会社を設立するには，まず，発起人が定款を作成し，その全員がこれに署名し，または記名押印し（会社26），公証人の認証を受けなければならない（会社30）。次に，発起人が，設立時に発行する株式の全部を引き受ける（発起設立。会社25①Ⅰ）か，あるいは設立時に発行する株式の一部を引き受け，残りの株式を引き受けてくれる株主を募集する（募集設立。会社25①Ⅱ）。最後に，本店の所在地において設立登記がなされると，株式会社は成立する（会社49）。

⑥ 株式会社の機関

6.1 機関の意義

株式会社が活動するためには，機関が必要である。すべての株式会社は，株主総会（会社296）と取締役（会社326①）を置かなければならない。定款の定めによって，取締役会，会計参与，監査役，監査役会，会計監査人，監査等委員会または指名委員会等を置くことができる（会社326②）。どのような機関を置くかは，公開会社か非公開会社か，および大会社（資本金の額が5億円以上または負債の額が200億円以上の会社。会社2Ⅵ）か中小会社かによって異なる（会社327・327の2・328）。

6.2　株主総会

（1）株主総会の権限

　株主総会は，株主によって構成され，会社法に規定する事項および株式会社の組織，運営，管理その他株式会社に関する一切の事項について決議することができる（会社295①）。ただし，取締役会設置会社においては，会社の合理的運営を確保するため，所有と経営の制度的分離を進め，会社法に規定する事項および定款に定められた事項についてのみ決議することができる（会社295②）。

　会社法により株主総会の決議事項とされているのは，①役員の選任・解任（会社329・339），②定款変更・事業譲渡・解散・合併など会社の基礎的変更に関する事項（会社466・467・471Ⅲ・783・795・804），③計算書類の承認（会社438②），④剰余金の配当（会社454）などである。

（2）株主総会の招集

　株主総会には，定時株主総会と臨時株主総会とがある。定時株主総会は，毎事業年度終了後一定の時期に招集される（会社296①）。臨時株主総会は，役員を解任するときのように（会社339），必要がある場合には，臨時に招集される（会社296②）。

　いずれの株主総会でも，招集するには，取締役は，株主総会の日の２週間前までに，株主に対して招集の通知をしなければならない（会社299①）。なお，株主全員の同意があるときは，招集の手続を経ることなく，株主総会を開催することができる（会社300）。

　株主総会の招集は，原則として，取締役が決定する（会社296③）のに対して，取締役会設置会社では，取締役会が決定する（会社298④）。

（3）株主総会の決議

　株主は，株主総会において，株式１株につき１個の議決権を有する（会社308①本）。単元株制度（会社188）を導入している場合は，株主の議決権は，１単元の株式につき１個である（会社308①但）。株主は，議決権を株主総会に出席

して行使するほか，代理人によって行使することができる（会社310①）。株主総会に出席しない株主は，議決権を書面により行使したり（会社法298①Ⅲ），電磁的方法により行使したりすることができる（会社298①Ⅳ）。

　株主総会の決議には，普通決議（会社309①），特別決議（会社309②），および特殊決議（会社309③・④）の３種類がある。

①普通決議

　普通決議は，定款に別段の定めがある場合を除き，議決権を行使することができる株主の議決権の過半数を有する株主が出席し，出席した当該株主の議決権の過半数をもって行われる（会社309①）。普通決議の例は，役員の選任（会社329①），計算書類の承認（会社438②），剰余金の配当（会社454①）などである。

②特別決議

　特別決議は，議決権を行使することができる株主の議決権の過半数を有する株主が出席し，出席した当該株主の議決権の３分の２以上に当たる多数をもって行われる（会社309②）。特別決議の例は，監査役の解任（会社309②Ⅶ），役員等の責任の一部免除（会社309②Ⅷ），定款の変更（会社309②Ⅺ）などである。

③特殊決議

　特殊決議は，特別決議よりも要件が加重されている（会社309③・④）。特殊決議の例は，全部の株式を譲渡制限とする定款の変更（会社309③Ⅰ）などである。

6.3　取締役

　株式会社は，１人または２人以上の取締役を置かなければならない（会社326①）。ただし，取締役会設置会社においては，取締役は，３人以上でなければならない（会社331⑤）。

　取締役は，株主総会の普通決議によって選任・解任される（会社329①・339①）。取締役の任期は，公開会社では選任後２年以内に終了する事業年度のう

ち最終のものに関する定時株主総会の終結の時までである（会社332①）。ただし，公開会社であっても，監査等委員会設置会社では，監査等委員でない取締役の任期は1年（会社332③），監査等委員である取締役は2年である（会社332④。定款・株主総会の決議による短縮不可）。また，指名委員会等設置会社の取締役の任期は1年である（会社332⑥）。ただし，定款または株主総会の普通決議によって，取締役の任期を短縮することができる（会社332①）。

非公開会社では，取締役の任期を，定款によって，10年以内に伸長することができる（会社332②）。ただし，非公開会社であっても，監査等委員会設置会社では，監査等委員でない取締役の任期は1年（会社332③），監査等委員である取締役は2年である（会社332④）。また，指名委員会等設置会社の取締役の任期は1年である（会社332⑥）。

株式会社では，原則として，取締役が株主である旨を定款で定めることはできない。ただし，非公開会社においては，取締役が株主である旨を定款で定めることができる（会社331②）。

☑発展：社外取締役の設置義務

　社外取締役とは，当該株式会社・子会社の業務執行取締役，執行役，支配人その他の使用人でなく，かつ，その就任の前10年間当該株式会社・子会社の業務執行取締役等であったことがないなどの諸要件を充たした取締役のことである（会社2ⅩⅤ）。社外取締役は，取締役としての職務を担当するほか，特に，社外者として経営陣（業務執行者）から独立した客観的な立場から，経営（経営陣による業務執行）の監督を行う役割が期待されている。会社法は，上場会社等（監査役会設置会社（会社法上の公開会社かつ大会社に限る）であって株式に係る金融商品取引法上の有価証券報告書提出会社）について，社外取締役を置くことを義務づけている（会社327の2）。社外取締役の設置義務が定められているのは，日本の資本市場が信頼される環境を整備し，上場会社等について，社外取締役による監督が保証されているというメッセージを内外に発信するためである。

6.4 取締役会

　取締役会は，すべての取締役で組織され（会社362①），業務執行を決定し，取締役の職務の執行を監督し，代表取締役を選定・解職する（会社362②）。公開会社，監査役会設置会社，監査等委員会設置会社，および指名委員会等設置会社は，取締役会を設置することが義務づけられている（会社327①）。

　取締役会は各取締役に招集権があるが，取締役会を招集する取締役を定款または取締役会で定めることができる（会社366①）。重要な財産の処分および譲受け，多額の借財，支配人その他の重要な使用人の選任および解任，支店その他の重要な組織の設置・変更および廃止などの決定は，取締役に委任することができず，取締役会で決定しなければならない（会社362④）。また，取締役会は，譲渡制限株式の譲渡による取得の承認（会社139①），株主総会の招集（会社298④）などを決定しなければならない。

　取締役会の決議は，議決に加わることができる取締役の過半数が出席し，その過半数で行う（会社369①）。

6.5 代表取締役

　代表取締役は，会社を代表し（会社349①），会社の業務に関する一切の裁判上または裁判外の行為をする権限を有し（会社349④），会社の業務を執行する（会社363①Ⅰ）。

　取締役会を設置していない株式会社は，定款，定款の定めに基づく取締役の互選，または株主総会の普通決議によって，取締役の中から代表取締役を定めることができる（会社349③）。取締役会設置会社では，取締役会が取締役の中から代表取締役を選定する（会社362③）。

6.6 取締役の義務と責任

　株式会社と取締役との関係は，委任に関する規定に従う（会社330）。したがって，取締役は，業務執行に際して，善良な管理者の注意義務を負い（民644），また忠実義務を負う（会社355）。取締役が，任務を怠って，会社に対し

て損害を与えたときは，会社に対し損害賠償責任を負う（会社423①）。

　取締役が，会社の事業の部類に属する取引（競業取引）や，会社と利害が対立する取引（利益相反取引）を行うことは制限されている（会社356①・365①）。

　大会社（会社348④・362⑤），監査等委員会設置会社（会社399の13①），指名委員会等設置会社（会社416①）では，取締役・取締役会は，法令および定款に適合することを確保するための体制（内部統制システム）の整備を決定する義務を負っている。

　取締役等に対する責任追及を会社が怠っているときは，6か月前から引き続き株式を有する株主は，会社のためにその取締役等に対して責任追及等の訴えを起こすことができる（会社847①）。この訴えを株主代表訴訟という。

　取締役がその職務を行うについて，悪意または重大な過失があったときは，第三者に対しても損害賠償責任を負う（会社429）。

　☑発展：株主代表訴訟

　　取締役等の会社に対する責任は，本来会社自身が追及すべきである。しかし，会社が責任追及をしないときは，会社の利益が害されるおそれがある。そこで，会社法は，6か月前から引き続きを株式を有する株主に，会社のために取締役等に対して責任追及の訴えを起こす権利を認めている（会社847①）。この訴訟は，株主代表訴訟と呼ばれる。株主代表訴訟の手数料は，平成5（1993）年の商法改正で，一律8,200円に引き下げられ，株主代表訴訟の件数は増加した。現在の手数料は一律13,000円である（会社847の4①，民訴費4②）。

6.7　監査役

（1）監査役の設置

　監査役は，取締役の職務の執行を監査する機関である（会社381①）。取締役会設置会社は，監査役を置かなければならない（会社327②）。ただし，公開会社でない会計参与設置会社は，取締役会を設置したとしても，監査役を置かな

くてもよい（会社327②但）。

　取締役会設置会社であっても，監査等委員会設置会社および指名委員会等設置会社は，監査役を置いてはならない（会社327④）。

　公開会社は取締役会を置かなければならないから（会社327①Ⅰ），原則として，監査役会を置かなければならない（会社327②）。

（2）監査役の権限

　監査役は，会計の監査のみならず，取締役の業務執行全般を監査する権限を有する（会社381①）。

　監査役は，計算書類，事業報告およびこれらの附属明細書ならびに臨時計算書類を監査し（会社436①・441②），監査報告を作成しなければならない（会社381①）。

　監査役は，監査のために，いつでも，取締役および会計参与ならびに支配人その他の使用人に対して事業の報告を求め，または監査役設置会社の業務および財産の状況を自ら調査することができる（会社381②）。監査役は，取締役が不正の行為をし，もしくは当該行為をするおそれがあると認めるとき，または法令・定款に違反する事実もしくは著しく不当な事実があるときは，遅滞なく，その旨を取締役または取締役会に報告しなければならない（会社382）。

　監査役は，取締役会に出席し，必要なときは，意見を述べなければならない（会社383①）。また，監査役は，取締役の不正行為等を報告するために，必要なときは取締役会を招集することもできる（会社383②・③）。

　監査役は，取締役が株主総会に提出しようとする議案，書類等を調査する義務があり，法令・定款に違反し，または著しく不当な事項があるときは，調査結果を株主総会に報告しなければならない（会社384）。

（3）監査役の選任・資格・任期

　監査役は，株主総会の決議によって，選任され（会社329①），いつでも解任される（会社339①）。監査役が解任される場合は，株主総会の特別決議によらなければならない（会社309②Ⅶ）。監査役は選任等について，株主総会で意見

を述べることができる（会社345④）。監査役は，取締役や使用人等の兼職が禁
止されている（会社335②）。監査役の員数は，１人以上が原則であるが，監査
役会設置会社では３人以上で，そのうち半数以上は，社外監査役（会社２ⅩⅥ参
照）でなければならない（会社335③）。監査役の任期は選任後４年以内である
（会社336①）。非公開会社では，定款によって，10年以内まで伸長することがで
きる（会社336②）。

6.8　会計参与

　会計参与は，取締役（指名委員会等設置会社では執行役）と共同して，計算書
類（会社435②）およびその附属明細書，臨時計算書類（会社441①）ならびに連
結計算書類（会社444①）を作成する（会社374①・⑥）。会計参与の設置は任意で
あるが，設置する場合には定款で規定する必要がある（会社326②）。

　会計参与は，公認会計士・監査法人または税理士・税理士法人でなければな
らない（会社333①）。会計参与の選任・解任は株主総会の決議による（会社329
①・339①）。会計参与の員数については特に規制はない。任期は取締役と同じ
である（会社334①）。

6.9　会計監査人

　会計監査人は，会社の計算書類およびその附属明細書，臨時計算書類，連結
計算書類を監査する（会社396①）。大会社と監査等委員会設置会社・指名委員
会等設置会社は会計監査人を置かなければならない（会社327⑤・328）。それ以
外の会社では，その設置は会社の任意であるが，設置する場合には定款で規定
する必要がある（会社326②）。

　会計監査人は，公認会計士または監査法人でなければならない（会社337①）。
会計監査人の員数については特に規制はない。任期は１年である（会社338①）。

6.10　監査等委員会設置会社

　監査等委員会設置会社は，監査役を置かない一方，監査等委員会を取締役会

に置く株式会社である（会社2 XIのⅡ）。監査等委員会設置会社では，代表取締役をはじめとする業務執行者に対する監督機能を強化するために，3人以上の取締役からなり，かつ，その過半数を社外取締役とする監査等委員会（会社331⑥・399の2②）が，①取締役の職務の執行の監査および監査報告の作成を行い（会社399の2③Ⅰ），②株主総会に提出する会計監査人の選任・解任・会計監査人を再任しないことに関する議案の内容を決定し（会社399の2③Ⅱ），③監査等委員以外の取締役の選任・解任・報酬等について株主総会で述べる意見を決定する（会社399の2③Ⅲ）。

監査等委員会設置会社には，監査等委員会のほか，取締役会，代表取締役および会計監査人を置かなければならない（会社327①Ⅲ・399の13③・327⑤）。他方で，監査等委員会が監査を担当することから，監査役を置くことはできない（会社327④）。

監査等委員会設置会社になることにより，監査役設置会社・監査役会設置会社における監査役・監査役会の監査のすべてと取締役会の監査の一部を監査等委員会に一元化することができ，コーポレート・ガバナンス（企業統治）のいっそうの透明性・効率性が図られる。

6.11　指名委員会等設置会社

（1）指名委員会等設置会社の概要

　指名委員会等設置会社とは，指名委員会，監査委員会および報酬委員会を置く株式会社である（会社2 XII）。取締役会および会計監査人を置く会社は，定款の定めによって，指名委員会等設置会社になることができる（会社326②・327①Ⅳ・327⑤）。指名委員会等設置会社では，取締役会の役割は，会社経営などの基本事項の決定と委員会の人選および執行役の選任等の監督機能が中心となる（会社416）。取締役会の機能は監督機能に特化される。指名委員会・監査委員会・報酬委員会の3つの委員会が監査・監督の役割を果たす。指名委員会等設置会社では，監督と執行が制度的に分離され，取締役は原則として業務執行を担当できず（会社415），執行役が業務執行を担当する（会社418Ⅱ）。会社を代表

する者も代表執行役となる（会社420）。業務執行の意思決定も大幅に執行役に
ゆだねられる（会社418 I）。取締役が執行役を兼ねることはできる（会社402⑥）。
指名委員会等設置会社の取締役の任期は1年であり（会社332⑥），執行役の任
期も1年である（会社402⑦）。

　指名委員会等設置会社は，指名委員会，監査委員会，報酬委員会（会社2 XII），
執行役（会社402①），取締役会（会社327①）および会計監査人（会社327⑤）を置
かなければならない。他方で，監査委員会が，監査役設置会社・監査役会設置
会社の監査役・監査役会に相当する権限を有することから，監査役を置くこと
はできない（会社327④）。監査等委員会を置くこともできない（会社327⑥）。

（2）指名委員会・監査委員会・報酬委員会

　指名委員会・監査委員会・報酬委員会の3つの委員会は，取締役会の中に置
かれる。各委員会は，取締役会の決議で選定された3人以上の取締役で組織さ
れる（会社400①・②）が，各委員会の委員の過半数は社外取締役でなければな
らない（会社400③）。

　指名委員会は，株主総会に提出する取締役の選任および解任に関する議案の
内容を決定する（会社404①）。監査委員会は，執行役等の職務の執行の監査お
よび監査報告の作成，ならびに株主総会に出席する会計監査人の選任・解任お
よび会計監査人を再任しないことに関する議案の内容を決定する（会社404②）。
報酬委員会は，執行役等の個人別の報酬等の内容を決定する（会社404③）。

6.12　法令遵守と企業の社会的責任

　企業は，法令を遵守して経済活動をしなければならない。たとえば，食品を
販売する際には，食品表示法にしたがって，適正な食品表示をしなければなら
ない。株式会社は，会社計算規則に基づき，会計帳簿や計算書類等を作成しな
ければならない。法令遵守を徹底するために，会社経営を監視するしくみであ
るコーポレートガバナンスの強化が図られ，大会社や指名委員会等設置会社に
対して，内部統制システム（業務適正確保体制）を整備することが義務づけられ

ている（会社348④・416①Ⅰホ）。さらに，企業の経営内容に関する情報公開（ディスクロージャー）も進められている。公益通報者保護制度も，企業の不正行為防止にとって有用な制度である。法令遵守はコンプライアンスともいわれる。コンプライアンスということばは，企業が経済活動をするに際して，法令を守るだけでなく，一定の企業倫理をも守るべきであるという意味で使用されることもある。

　ところで，企業の活動は，出資者（株主），経営者，取引業者，労働者，消費者，さらには地域住民などと関係することから，企業は利潤を追求するだけでなく，社会に対する配慮や責任をもつことが必要であるとする企業の社会的責任（CSR. Corporate Social Responsibility）が重視されるようになってきている。たとえば，社会貢献として，スポーツや文化・芸術活動への支援（メセナ）や，福祉などに対する慈善活動（フィランソロピー）をおこなっている。また，リサイクル活動，廃棄物（エミッション）を限りなくゼロに近づける取り組み（ゼロ・エミッション），ISO14001（国際標準化機構（ISO）が定めた環境マネジメントシステム標準化のための国際規格）の取得などの環境保護活動もある。

☑発展：公益通報者保護制度

　国民生活の安心・安全を損なうような企業不祥事は，事業者内部の労働者からの通報をきっかけに明らかになることも少なくないことから，労働者が，公益のために通報を行ったことを理由として解雇等の不利益な取扱いを受けることがないようにするために，平成16（2004）年に公益通報者保護法が制定された。

　しかし，その後も社会問題化する事業者の不祥事が後を絶たないことから，早期の是正により被害の防止を図ることが必要であるとして，令和2（2020）年に，公益通報者保護法の一部を改正する法律が公布された。この改正により，①事業者に対し，内部通報に適切に対応するために必要な体制の整備等を義務付け，②行政機関等への通報を行いやすくし，③保護される通報者・通報内容を拡大した。

第8章 消費者と法

① 消費者問題と消費者主権

　契約自由の原則のもとでは，消費者と企業は対等な関係で，取引が行われる。そして，市場経済において，企業が製造・提供している財やサービスを，最終的に選択し，購入するのを決定するのは消費者である。そこで，企業は，消費者の選好にしたがった品質や価格の商品を生産するはずであり，消費者こそが，財やサービスの生産のあり方を最終的に決定するはずである（消費者主権）。

　しかしながら，消費者と企業では，商品に関する情報に大きな差があるために，消費者は商品に関する十分な情報をもたないままに，劣悪な商品の購入を選択することがある（情報の非対称性）。また，消費者の消費意欲が，企業の宣伝・広告に左右されることもある（依存効果）。さらに，消費者が，周囲の消費水準や消費パターンに影響されて，商品購入を決定することもある（デモンストレーション効果）。

　そこで，消費者主権の確立が重要となる。アメリカでは，1962年に，ケネディ大統領が消費者の4つの権利として，安全を求める権利，知らされる権利，選択できる権利，および意見が反映される権利を提唱した。日本でも，昭和43（1968）年に消費者の権利を保護するために消費者保護基本法が制定され，これに基づき地方公共団体は消費生活センターを設置した。昭和45（1970）年には，国の機関として，国民生活センターが設置された。昭和51（1976）年に訪問販売等に関する法律（平成12（2000）年に特定商取引に関する法律に改称）が制定され，販売業者は，訪問販売先に対し，自己の氏名，商品の種類を明らかにし，必ず売買契約書を交付するとともに，購入者は一定の期間内であれば，原

則として解約することができるようになった（クーリング・オフ）。昭和50年代，消費者金融業者の高金利，不当な取立行為等が社会問題化したことから，昭和58（1983）年に貸金業の規制等に関する法律が制定された。平成18（2006）年に，貸金業法に題名改正され，取立規制の強化，総量規制の導入（年収の3分の1を超える借入れは原則禁止）やグレーゾーン金利の撤回などが行われた。平成6（1994）年には製造物責任法（PL法）が制定され，被害者が製品の欠陥を証明すれば，製造者は過失がなくても，損害賠償責任を負うことになった（無過失責任）。平成12（2000）年に，消費者契約について，不当な勧誘による契約の取消しや不当な契約条項の無効等を規定した消費者契約法が制定された。消費者保護基本法は，平成16（2004）年に，消費者の権利の尊重およびその自立の支援を基本理念とした消費者基本法に改正された。平成21（2009）年には，消費者行政の一元化をめざして消費者庁が設置された。平成24（2012）年に消費者教育推進法が公布され，国および地方公共団体には，消費者教育について責務があると定められた（消費者教育推進4・5）。

☑用語解説：グレーゾーン金利

　　出資法の上限金利（改正前は年29.2%で，違反した貸金業者は刑事罰の対象）と，利息制限法の上限金利（借入金額に応じて年15～20%で，違反しても刑事罰の対象外）の間の金利帯のことをグレーゾーン金利という。多くの消費者金融業者が，グレーゾーン金利で貸し付けていたが，多重債務者が増加し，社会問題となった。平成18（2006）年に貸金業法と出資法が改正され，平成22（2010）年6月から出資法の上限金利が29.2%から20%に引き下げられ，グレーゾーン金利は撤廃された。また，総借入額は年収の3分の1までとする総量規制も導入された（貸金業13の2）。

② 割賦販売法

2.1　割賦販売の意義

　割賦販売とは，売買代金を分割して毎年あるいは毎月定期的に支払うことを約束した売買のことである。割賦代金は，消費者が代金全額をもっていなくても商品を購入できるという便利さがある。業者にとっても，高額商品の販売促進につながるという利点がある。しかし，消費者が，割賦払いのために代金支払いの負担を考慮せずに，無計画に買い物をしてしまうことがある。また，消費者の支払能力を超えるクレジットを提供して，多重債務に陥るきっかけをつくる業者もいる。消費者が代金を支払うことができなくなることがあるので，業者は，そのような事態に備えて，割賦払いの利息を高く設定していたり，遅延損害金に関する契約条項を設けたりしている。そこで，消費者保護の観点から割賦販売を規制する必要がある。割賦販売法が，割賦販売（自社割賦），ローン提携販売，信用購入あっせんなどの取引について規制している。

2.2　割賦販売（自社割賦）

　割賦販売は，販売業者が商品等の販売代金について消費者に対して割賦払いを認める取引方法である。「割賦販売」は，割賦販売法上は，ミシン，自動車，スポーツ施設を利用する権利や語学教室の授業を受ける権利など，政令（割賦販売法施行令）で定める指定商品・指定権利・指定役務について，①代金等を2か月以上の期間にわたり，かつ，3回以上に分割して受領する条件でなされた販売等（割賦2①Ⅰ），②カードなどを利用者に交付し，そのカードなどにより販売した商品・権利・役務の代金等の合計額を基礎としてあらかじめ定められた方法により算定した金額を受領する条件でなされた販売等（リボルビング方式）（割賦2①Ⅱ）と定義されている。

　販売業者は，消費者が契約条件を理解できるようにするために，割賦販売条件の表示義務（割賦3）や書面交付義務（割賦4）が課されている。また，販売

147

業者は，賦払金の支払がなされない場合でも，20日以上の期間を定めて支払を書面で催告しなければ，契約を解除することができない（割賦5）。販売業者が，契約の解除等に伴い，消費者に対して請求する損害賠償等の額についても，過大な損害賠償等を消費者に請求することを防ぐために，商品の使用料や通常の費用の弁償などの範囲とするように制限が加えられている（割賦6）。

　割賦販売の方法により販売された商品の所有権は，賦払金の全部が支払われるまで，販売業者にあると推定される（割賦7）。

2.3　ローン提携販売

　ローン提携販売とは，消費者が，販売業者から指定商品などを購入する際に，金融機関から借り入れ，販売業者に代金を一括して支払う一方で，販売業者が消費者の保証人となり，消費者が金融機関に分割（2か月以上かつ3回払い以上）して返済するものをいう（割賦2②）。

　ローン提携販売業者には，ローン提携販売条件の表示義務（割賦29の2）や書面の交付義務（割賦29の3）が課されている。

2.4　信用購入あっせん

（1）包括信用購入あっせん

　包括信用購入あっせんとは，信販会社が，あらかじめクレジットカード等を利用者に交付し，利用者がそのクレジットカード等を示して，特定の販売業者（加盟店）から商品を購入する場合に，信販会社が販売業者に代金相当額を交付するとともに，利用者から2か月を超えた後の支払いまたはリボルビング払いを受ける取引方法である（割賦2③）。包括信用購入あっせんの対象になるのは，すべての商品，権利，および役務である。

　信販会社には，取引条件などに関する情報を提供する義務が課されている（割賦30・30の2の3）。情報提供は，書面交付だけでなく，電子メール等の方法を利用することができる（割賦30・30の2の3）。また，クレジットカードの利用者に対して返済能力を超えて割賦販売をできないようにするために，信販会

社には包括支払可能見込額を調査する義務がある（割賦30の2・30の2の2）。
加盟店には，クレジットカード利用時に，利用者に対して，商品の現金販売価
格などの情報を提供する義務が課されている（割賦30の2の3⑤）

　割賦販売法には，契約の解除等の制限（割賦30の2の4），契約の解除等に伴
う損害賠償等の額の制限（割賦30の3）が定められている。また，商品の購入
者には，包括信用購入あっせん業者に対して抗弁の接続が認められている（割
賦30の4）。したがって購入した商品に欠陥などがあった場合，商品の購入者は
信販会社に対して立替金の支払いを拒むことができる。

（2）個別信用購入あっせん

　個別信用購入あっせんとは，信販会社がクレジットカードを利用することな
く，特定の販売業者から商品等を購入する場合に，信販会社が販売業者に代金
相当額を交付するとともに，購入者から2か月を超えた後の支払いまたはリボ
ルビング払いを受ける取引方法である（割賦2④）。たとえば，自動車などを購
入する際，自動車の販売業者とは別に信販会社とローン契約を結ぶ場合である。
また，個別信用購入あっせんは，スマートフォンを購入する際にも利用されて
いる。

　個別信用購入あっせんについても，個別信用購入あっせん業者に個別信用購
入あっせん取引条件の表示義務（割賦35の3の2），過剰与信防止義務（割賦35の
3の3，割賦35の3の4）がある。個別信用購入あっせん関係販売業者のみなら
ず（割賦35の3の8），個別信用購入あっせん業者（割賦35の3の9）も書面の交
付義務を負っている。契約解除や損害賠償等の額も制限されている（割賦35の
3の17・35の3の18）。抗弁の接続（割賦35の3の19）やクーリング・オフ（割賦35
の3の10・35の3の11）も認められている。

③ 特定商取引法

3.1 規制対象となる取引

特定商取引に関する法律（特定商取引法）は，訪問販売，通信販売，電話勧誘販売，連鎖販売取引，特定継続的役務提供，業務提供誘引販売取引および訪問購入について規定している。これらの取引は，不意打ち的な訪問や，巧みな勧誘により，消費者被害が生じやすいことから，消費者保護の観点から規制されている。

3.2 訪問販売

訪問販売とは，販売業者または役務提供事業者が，営業所等以外の場所において，売買契約の申し込みを受け，または売買契約を締結して，商品・役務および特定権利の販売・提供をすることである（特定商取引2①）。特定権利とは，たとえばゴルフ会員権，映画チケット，英会話サロン利用権などである。訪問販売には，住居訪問販売だけでなく，職場訪問販売，キャッチセールス等も含まれる。また，アポイントメントセールスも訪問販売に含まれる。

訪問販売では，販売員が訪問目的等を偽って相手方に告げ，言葉巧みに取引に誘い込み，消費者が知らず知らずのうちに商品を購入してしまうことがある。また，不意に勧誘を受けることを望んでいない消費者も多い。そこで，特定商取引法は，消費者の利益を保護するために，訪問販売を規制している。

販売業者は，訪問販売を行うときには，勧誘に先立って，消費者に対して氏名等を明示しなければならず（特定商取引3），勧誘に先立って消費者に勧誘を受ける意思があることを確認する努力義務があり（特定商取引3の2①），消費者が契約締結の意思がないことを表示したときには，その訪問時において勧誘を継続することや再度来訪して勧誘することが禁止されている（特定商取引3の2②）。販売業者は，契約の申込みを受けたときや契約を結んだときには，書面を消費者に交付しなければならない（特定商取引4・5）。販売業者は，事

実と違うことを告げる行為，故意に事実を告げない行為や，相手を威迫して困惑させる行為などが禁止されている（特定商取引6）。売買契約を締結した消費者は，書面を受領した日から8日以内は，クーリング・オフができる（特定商取引9）。

> ☑用語解説：キャッチセールス，アポイントメントセールス
>
> 　キャッチセールスとは，駅や繁華街周辺の路上で消費者を呼び止めて喫茶店や営業所等に同行させて契約させる方法のことである。アポイントメントセールスとは，電話や郵便，SNS等で販売目的を明示せずに消費者を呼び出したり，「あなたは特別に選ばれました」等，ほかの者に比べて著しく有利な条件で契約できると消費者を誘って営業所等に呼び出したりして契約させる方法のことである。

3.3　通信販売

　通信販売とは，事業者が新聞，雑誌，インターネット等で広告し，郵便，電話，インターネット等の通信手段により申込みを受けて行う商品・特定権利の販売または役務の提供のことである（特定商取引2②）。

　通信販売では，広告が販売条件等についての唯一の情報であることから，広告に表示しなければならない事項が規定されており（特定商取引11），また誇大広告等が禁止されている（特定商取引12）。消費者があらかじめ承諾しない限り，事業者は電子メール広告を送信することは，原則禁止されている（オプトイン規制。特定商取引12の3）。

　事業者が広告であらかじめ，契約の解除について特約を表示していた場合を除き，購入者は商品の引き渡しまたは特定権利の移転を受けた日から8日以内であれば，契約の解除をすることができる（特定商取引15の3）。なお，通信販売については，消費者は広告を見て冷静に考えて申し込むことができることから，返品特約がない場合の契約解除権はクーリング・オフではない。したがっ

て，商品の返品費用は，購入者の負担となる。

3.4　電話勧誘販売

　電話勧誘販売とは，販売業者が，消費者に電話をかけ，または特定の方法により電話をかけさせ，その電話において行う勧誘によって，消費者からの売買契約または役務提供契約の申込みを郵便等により受け，または契約を郵便等により締結して行う商品・特定権利の販売または役務の提供のことである（特定商取引2③）。

　販売業者は，電話勧誘に先立って，氏名等を明示しなければならない（特定商取引16）。契約等を締結しない意思を表示した者に対する勧誘の継続や再勧誘は禁止されている（特定商取引17）。契約の申込みを受けたとき，あるいは契約を締結したときには，消費者に書面を交付しなければならない（特定商取引18・19）。

　契約を締結した消費者は，書面を受領した日から8日以内は，クーリング・オフができる（特定商取引24）。

3.5　連鎖販売取引

　連鎖販売取引とは，販売業者が商品等の購入者に対して，販売員として商品を販売してくれれば利益を提供するといって商品を買わせ，その販売員から商品を購入した者を新たな販売員にすることを繰り返し，連鎖状に販売を拡大する方法である（特定商取引33）。連鎖販売は，物品の販売であるので，新たな顧客への販売等が可能であり，利益が十分に得られるようなものであれば，必ずしも破綻するとは限らない。しかし，商品購入などの負担だけを負わされてしまうという被害が多発している。そこで，特定商取引法は，勧誘に先立って，消費者に対して，氏名等を明示することを義務づけ（特定商取引33の2），契約の締結についての勧誘を行う際，取引の相手方に契約を解除させないようにするために不実を告げる行為や威迫して困惑させるなどの不当な行為を禁止している（特定商取引34）。広告に表示しなければならない事項が法定されており

（特定商取引35），誇大広告等が禁止されている（特定商取引36）。連鎖販売取引について契約する場合には，書面を交付しなければならない（特定商取引37）。

消費者が契約をした場合でも，書面を受け取った日（商品の引渡しの方が後である場合には，その日）から数えて20日以内であれば，消費者は連鎖販売業を行う者に対して，クーリング・オフができる（特定商取引40）。

3.6　特定継続的役務提供

特定継続的役務提供とは，長期・継続的な役務の提供で，契約金の総額が一定金額を超えている取引のことである（特定商取引41）。現在，エステティック，美容医療，語学教室，家庭教師，学習塾，結婚相手紹介サービス，パソコン教室の7つの役務が対象である（特定商取引令別表4）。事業者は，契約をする場合には，消費者に書面を交付する義務がある（特定商取引42）。誇大広告等が禁止されている（特定商取引43）。

消費者が契約をした場合でも，書面を受け取った日から数えて8日間以内であれば，消費者は事業者に対して，クーリング・オフができる（特定商取引48）。

3.7　業務提供誘引販売取引

業務提供誘引販売取引とは，内職やモニターといった一定の業務を提供されることで利益が得られるとして，商品や役務の契約をさせられる取引のことである（特定商取引51）。たとえば，ホームページの作成内職をするために必要であるとして，パソコンを購入させるなどの内職商法である。個人との取引で，勧誘時などに契約に関して嘘をつくことや，威迫して困惑させて契約の締結をさせることを禁止している（特定商取引52）。販売業者には，契約締結前の概要書面の交付と契約締結時の契約内容の詳細が記載された書面の交付が義務づけられている（特定商取引55）。誇大広告等が禁止されている（特定商取引54）。

消費者が契約を締結した場合でも，書面を受け取った日から数えて20日以内であれば，消費者は販売業者に対して，クーリング・オフができる（特定商取引58）。

3.8　ネガティブオプション（送りつけ商法）

　注文していない商品を一方的に送りつけ，消費者に代金を請求する商法を，ネガティブオプションという。たとえば，注文していない健康食品が送られてきて，9,900円と書かれた請求書が同封されていた場合である。一方的に送りつけられただけでは，消費者には代金を支払う義務も，返送する義務もない。

　事業者は送付した商品について直ちに返還請求ができなくなるため，消費者は，注文や契約をしていないにもかかわらず，金銭を得ようとして一方的に送り付けられた商品を，直ちに処分することができる（特定商取引59）。

3.9　クーリング・オフ制度

　クーリング・オフは，いったん契約の申し込みや契約の締結をした場合でも，契約を再考できるようにし，一定の期間であれば無条件で契約の申し込みを撤回したり，契約を解除したりできる制度のことである。クーリング・オフは，割賦販売法，特定商取引法，宅地建物取引業法などに定められている。

　特定商取引法上は，クーリング・オフは，訪問販売，電話勧誘販売，連鎖販売取引，特定継続的役務提供，業務提供誘引販売取引，訪問購入について認められている。申込書面または契約書面を受け取った日から起算して8日以内（連鎖販売取引および業務提供誘引販売取引は20日以内），書面または電磁的記録（電子メールなど）により解約の通知をすることが必要である。書面は内容証明郵便が望ましいが，はがきの場合は，両面をコピーした上で，「特定記録郵便」または「簡易書留」で送るようにすべきである。なお，通信販売には，突然の訪問や強引な勧誘などにより契約が締結させられることはないので，クーリング・オフは適用されないが，特別な解除制度が設けられている（特定商取引15の3）。

154

④　消費者契約法

4.1　消費者契約法の意義

　消費者と事業者では，持っている情報の質および量ならびに交渉力に格差があることから，消費者の利益を守るために平成12（2000）年に消費者契約法が制定された。消費者契約法は，消費者契約の取り消しや無効となる契約条項を定めている。平成28（2016）年・30（2018）年の改正により，無効・取消しの範囲が拡大された。また，平成18（2006）年の改正で，消費者団体訴訟制度が導入された。消費者被害は，同じような被害が不特定かつ多数の消費者に生ずるので，国から認定を受けた適格消費者団体が，消費者の利益のために，事業者の不当な行為について差し止めを求める訴訟ができるようになった（消費契約2④）。

　☑用語解説：消費者団体訴訟制度

　消費者団体訴訟制度とは，内閣総理大臣が認定した消費者団体が，事業者の不当な行為の差止や消費者に代わって被害の回復を行う制度である。

　差止請求は，内閣総理大臣が認定した適格消費者団体（消費契約2④）が，「不当な勧誘」，「不当な契約条項」，「不当な表示」などの事業者の不当な行為をやめるように求めることができる制度である（消費契約12）。差止請求ができるのは，事業者が不特定かつ多数の消費者に対して消費者契約法・景品表示法・特定商取引法・食品表示法に違反する不当な行為を行っている，または，行うおそれがあるときである（消費契約12，景表30，特定商取引58の18〜58の24，食品表示11）。

　また，被害回復は，事業者の不当な行為によって多数の消費者に共通して財産的被害が生じている場合，適格消費者団体の中から内閣総理大臣が新たに認定した特定適格消費者団体（消費者被害回復2Ｘ）が，消費者に代わって被害の集団的な回復を求めることができる制度である。

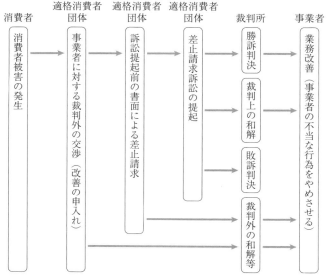

図9　差止請求の流れ

出典：消費者庁『守ります。あなたの財産　消費者団体訴訟制度』(https://www.caa.go.jp/
policies/policy/consumer_system/collective_litigation_system/about_system/public_
relations/assets/consumer_system_cms204_220309_02.pdf（最終閲覧日：2023年12月
11日））・一部変更。

4.2　消費者契約の取消し

　不当な勧誘により消費者契約を締結させられたときは，消費者は契約の申し
込みまたは承諾の意思表示を取り消すことができる。具体的には，以下の場合
である。

（1）不実告知

　事業者が，重要事項について事実と異なることを告げたため，消費者が告げ
られた内容が事実であると誤認した場合，消費者はその契約を取り消すことが
できる（消費契約4①Ⅰ）。たとえば，実際には中古品のパソコンを「新品で
す。」と説明して販売した場合である。

（2）断定的判断の提供

　事業者が，将来における変動が不確実な事実について確実である（断定的判断）と告げたため，消費者が告げられた内容が確実であると誤認した場合，消費者はその契約を取り消すことができる（消費契約4①Ⅱ）。たとえば，将来値上がりすることが確実でない金融商品を「確実に値上がりする。」と説明して販売した場合である。

（3）不利益事実の不告知

　事業者が，重要事項または重要事項に関連する事項について，消費者の利益となる旨を告げ，かつ，不利益となる事実を故意または重大な過失によって告げなかった場合，消費者はその契約を取り消すことができる（消費契約4②）。たとえば，隣地にマンションの建設計画があり，そのマンションが建つと日当たりが悪くなることを知りながら，マンションの建設計画を告げずに住宅を販売した場合である。

（4）不退去

　消費者が，事業者に対し，自宅等から退去すべき旨の意思を示したにもかかわらず，事業者が退去しなかった場合，消費者はその契約を取り消すことができる（消費契約4③Ⅰ）。たとえば，消費者の自宅等において，消費者が帰って欲しい旨告げているのに，深夜まで居すわり販売した場合である。

（5）退去妨害

　消費者が，販売店等から退去する旨の意思を示したにもかかわらず，消費者を退去させなかった場合，消費者はその契約を取り消すことができる（消費契約4③Ⅱ）。

（6）退居困難な場所へ同行

　勧誘することを告げずに消費者を退去困難な場所へ連れて行き，消費者が退

去困難であることを知りながら勧誘をした場合，消費者はその契約を取り消すことができる（消費契約4③Ⅲ）。たとえば，旅行に行こうと告げて消費者を山奥の山荘に連れて行って商品を販売した場合である。

（7）威迫する言動を交えて相談の連絡を妨害

　消費者が，消費者契約を締結するか相談を行うため，電話等によって第三者に連絡したいと言ったが，事業者が威迫する言葉を交えて連絡を妨害して勧誘をした場合，消費者はその契約を取り消すことができる（消費契約4③Ⅳ）。

（8）不安をあおる告知

　消費者が，社会生活上の経験が乏しいことから，願望の実現に過大な不安を抱いていることを知りながら，不安をあおり，契約が必要であると告げた場合，消費者はその契約を取り消すことができる（消費契約4③Ⅴ）。たとえば，就職活動中の学生の不安を知りつつ，「このままでは就職できない，この就職セミナーに参加して成功しよう。」と勧誘した場合である。

（9）好意の感情の不当な利用

　消費者が，社会生活上の経験が乏しいことから，勧誘者に恋愛感情を抱き，かつ，勧誘者も同様の感情を抱いていると誤信していることを知りながら，契約しなければ関係が破綻すると告げた場合，消費者はその契約を取り消すことができる（消費契約4③Ⅵ）。たとえば，SNSで知り合った女性に好意を抱き，ある日，女性に誘われ，女性の職場である宝石店に行ったところ，その女性から「アクセサリーを購入してくれないともう会えない。」と告げられた場合である。

（10）判断力の低下の不当な利用

　加齢や心身の故障により判断力が著しく低下していることから，現在の生活の維持に過大な不安を抱いていることを知りながら，不安をあおり，契約が必

要であると告げた場合，消費者はその契約を取り消すことができる（消費契約
4③Ⅶ）。たとえば，加齢により判断力が低下した高齢者に，事業者が「ア
パート経営をしなければ，生活が苦しくなる。」と告げて勧誘した場合である。

(11) 霊感等による知見を用いた告知

　霊感等の特別な能力による知見として，そのままでは重大な不利益を与える
事態が生ずることを示して不安をあおり，契約が必要であると告げた場合，消
費者はその契約を取り消すことができる（消費契約4③Ⅷ）。たとえば，「あな
たには悪霊がついている。そのままでは病気が悪化する。この数珠を買えば，
悪霊が退散し病気が良くなる。」と告げて勧誘した場合である。

(12) 契約締結前に債務の内容の実施

　契約締結前に，契約による義務の全部もしくは一部を実施し，または目的物
の現状を変更し，実施前の原状回復を著しく困難にした場合（消費契約4③Ⅸ），
および契約締結前に，契約締結を目指した事業活動を実施し，これにより生じ
た損失の補償を請求すると告げた場合（消費契約4③Ⅹ），消費者はその契約を
取り消すことができる。たとえば，事業者が契約を結ぶ前に，消費者の自宅の
物干し台の寸法に合わせてさお竹を切断し代金を請求した場合や，宝飾品の
セールスのために消費者の自宅の訪問をした事業者が，消費者に対して，「契
約を断るのならば，交通費を支払え。」と告げた場合である。

(13) 過量契約

　消費者にとっての通常の分量等を著しく超えることを知りながら，過量な内
容の契約を締結させた場合である（消費契約4④）。たとえば，一人暮らしの高
齢者に対し，そのことを知りながら，布団セットを10組販売した場合である。

4.3 契約条項の無効

　消費者の利益を不当に害する契約条項は，無効である。具体的には，以下の

場合である。

（1）事業者の損害賠償等の責任を免除する条項等

　損害賠償責任の全部を免除する条項，事業者の故意または重大な過失による損害について賠償責任の一部を免除する条項や，事業者が責任の有無や限度を自ら決定する条項は，無効である（消費契約8①）。たとえば，「当社のソフトウェアの故障，誤作動により発生した損害について，当社は賠償責任を負わないものとします。」という条項，「当社が，ソフトウェアの誤作動について過失のあることを認めた場合に限り，損害賠償責任を負うものとします。」という条項である。

（2）免責範囲が不明確な条項

　損害賠償請求を困難にする不明確な一部免責条項（軽過失による行為にのみ適用されることを明らかにしていないもの）は，無効である（消費契約8③）。たとえば，「当社は，法律上許される限り，1万円を限度として損害賠償責任を負います。」という条項は，無効である。これに対して，「当社は，軽過失の場合には，1万円を限度として損害賠償責任を負います。」という条項は，有効である。

（3）消費者の解除権を放棄させる条項等

　事業者の債務不履行により生じた消費者の解除権を放棄させる条項や，事業者が解除権の有無を自ら決定する条項は，無効である（消費契約8の2）。たとえば，「当社の商品について，いかなる理由があっても，ご契約後のキャンセル，返品，返金，交換は一切できません。」という条項である。

（4）後見開始の審判等による解除権を付与する条項

　消費者が後見開始等の審判を受けたことのみを理由として，事業者に解除権を付与する条項は無効である（消費契約8の3）。たとえば，賃借人が，後見開始の審判を受けたときは，賃貸人は当該建物賃貸借契約を解除できるとする旨

の条項である。

（5）平均的な損害の額を超える損害賠償額を予定する条項

　キャンセル料のうち，契約の解除に伴う平均的な損害の額を超える部分や，遅延損害金につき年利14.6％を超える部分についての条項は無効である（消費契約9）。たとえば，結婚式場の利用契約において，「契約後にキャンセルする場合，以下の金額を解約料として申し受けます。実際に使用される日から1年以上前の場合：契約金額の80％」とする条項である。

（6）消費者の利益を一方的に害する条項

　任意規定の適用による場合と比べて消費者の権利を制限しまたは消費者の義務を加重する条項であって，信義則に反して消費者の利益を一方的に害するものは無効である（消費契約10）。たとえば，通信販売でエクササイズグッズを購入したところ，エクササイズグッズが届けられた際に健康食品のサンプルが同封されており，健康食品の継続購入が不要である旨の電話を消費者がしない限り，健康食品を継続的に購入する契約を締結したものとみなす旨の条項である。

第9章 労働と法

① 労働基本権と労働法

　日本国憲法第27条第1項は，「すべて国民は，勤労の権利を有し，義務を負ふ。」と規定し，勤労権を保障している。

　契約自由の原則からは，労働者と使用者は労働条件について対等の立場で交渉し，どのような内容の雇用契約を結ぶかは，当事者の間で自由に決めることができるはずである。しかし，実際には，労働者は使用者に対して弱い立場にあることから，労働者を保護するためにさまざまな権利が保障されている。使用者と労働条件について対等に交渉できるようにするために，労働者に，労働組合をつくる権利（団結権），労働組合が使用者と交渉する権利（団体交渉権），および争議行為をする権利（争議権または団体行動権）を，労働三権として保障している（憲28）。また，日本国憲法は，賃金，就業時間，休息その他の勤労条件に関する基準を法律で定めることとしている（憲27②）。労働三権と勤労権をあわせて労働基本権という。これらを具体的に保障するために，労働三法（労働組合法・労働関係調整法・労働基準法）などが制定されている。

　なお，公務員の労働三権は，その地位の特殊性と職務の公共性にかんがみ，法律によって制限を受けており，これの代償措置として，給与などの労働条件について，人事院（地方公共団体では人事委員会）が，国会（地方議会）や内閣などに勧告することになっている（国公3②・28，地公8①）。

　公務員の争議行為は完全に禁止されている（国公98②，地公37①）が，最高裁判所は公務員の争議行為の禁止は合憲であるとの立場をとっている。

表 16　憲法と労働法

条	権利の内容	関連する法律
憲法第27条	勤労権（1）	職業安定法，職業能力開発促進法，労働施策の総合的な推進並びに労働者の雇用の安定及び職業生活の充実等に関する法律（労働施策総合推進法），雇用保険法，障害者の雇用の促進等に関する法律（障害者雇用促進法），高年齢者等の雇用の安定等に関する法律（高齢者雇用安定法），雇用の分野における男女の均等な機会及び待遇の確保等に関する法律（男女雇用機会均等法），労働者派遣事業の適正な運営の確保及び派遣労働者の保護等に関する法律（労働者派遣法），短時間労働者及び有期雇用労働者の雇用管理の改善等に関する法律（パートタイム・有期雇用労働法）
	勤労条件の基準（2）	労働基準法，家内労働法，労働安全衛生法，最低賃金法
	児童の酷使の禁止（3）	児童福祉法
憲法第28条	団結権	労働組合法，労働関係調整法，電気事業及び石炭鉱業における争議行為の方法の規制に関する法律（スト規制法），国家公務員法，地方公務員法，行政執行法人の労働関係に関する法律，地方公営企業等の労働関係に関する法律
	団体交渉権	
	団体行動権	

（注）丸かっこ内は項番号。

表 17　労働三権の適用と制限

区分 ○：適用あり △：制限あり ×：適用なし		団結権	団体交渉権	争議権
民間企業の労働者		○	○	○
地方公務員	公営企業，特定地方独立行政法人および技能労務職員	○：労働組合（地方公営企業労働関係5①）	○（地方公営企業労働関係7）ただし，労働協約の効力には一定の制限がある（地方公営企業労働関係8〜10）。	×（地方公営企業労働関係11）
	一般職公務員	○：職員団体（地公52③，教公特29）	△当局と交渉することはできるが，団体協約を締結する権利はない（地公55①・②）。	×（地公37①）

	警察職員，消防職員	× (地公52⑤)	×	×
国家公務員	行政執行法人職員	○：労働組合 (行政執行法人労働4①)	○ (行政執行法人労働8)	× (行政執行法人労働17)
	一般職公務員	○：職員団体 (国公108の2③)	△ 当局と交渉することはできるが，団体協約を締結する権利はない（国公108の5①・②）。	× (国公98②)
	警察職員，海上保安庁職員，刑事施設職員，自衛隊員	× (国公108の2⑤，自衛64①)	×	× (国公98②，自衛64②・③)

☑判例紹介：公務員の労働三権の制限

　最大判昭和41年10月26日刑集20巻8号901頁は，公務員の労働三権の制限について，合理性の認められる必要最小限度のものにとどめなければならず，国民生活に影響を及ぼす障害を避けるために必要やむを得ない場合について考慮されるべきであるとして，限定的なものと解した（全逓東京中郵事件）。

　しかし，最大判昭和48年4月25日刑集27巻4号547頁は，公務員の従事する職務には公共性がある一方，法律によりその主要な勤務条件が定められ，身分が保障されているほか，適切な代償措置として人事院制度が整備されているので，公務員の争議行為等を全面的に禁止することは日本国憲法第28条に違反せず，合憲であるとの判断を示した（全農林警職法事件）。

② 労働組合法

　労働三権を具体的に保障しているのが，労働組合法である。労働組合法は，労働者が主体となって自主的に組合をつくり，使用者と対等の立場で団体交渉をおこない，労働条件を取り決めた労働協約を締結し，正当な争議行為に対する刑事上・民事上の免責特権を認めている（労組1②・8）。

表 18　労働協約，就業規則，労働契約の効力関係

	労働条件に関する法令・契約等
上位 ↑ 優先 ↑	日本国憲法（労働基本権）
	法令（労働基準法など）
	労働協約（労働組合と使用者との団体交渉に基づく，労働条件に関する合意）
	就業規則（常時10人以上の労働者を使用する使用者が作成する，労働条件や服務規程に関する規則）
	労働契約（個々の労働者が使用者との間で結ぶ労働条件に関する契約）

　使用者が，労働者の団結権・団体交渉権・団体行動権および組合の自主性を侵害する行為は不当労働行為であり，労働組合法により禁止されている（労組7）。不当労働行為とされるのは，①労働者の組合加入・組合活動を理由に，使用者が解雇等の不利益な取り扱いをすること，②労働組合への不加入・脱退を雇用条件とすること（黄犬契約），③正当な理由なしに使用者が団体交渉を拒否すること，④使用者が労働組合を支配・介入・援助すること，⑤不当労働行為を労働委員会に申し立てことなどを理由に労働者を解雇することである（労組7）。

　労働組合法は，労働者が団結することを擁護し，労働関係の公正な調整を図ることを目的とした労働委員会を設置することを定めている（労組19）。

③　労働関係調整法

　労働関係調整法は，労働組合法と相まって，労働関係の公正な調整を図り，労働争議を予防・解決して，産業の平和を維持し，経済の興隆に寄与することを目的としている（労調1）。

　労働者と使用者との間の労働条件等に関するトラブルは，労使が直接の協議または団体交渉によって解決することが基本である（労調4）。しかしながら，団体交渉で話し合いがまとまらないと，労働組合は争議行為に入ることができる。争議行為には，同盟罷業（ストライキ），怠業（サボタージュ），座り込み（ピケッティング），使用者によるロックアウト（作業所閉鎖）がある（労調7）。

労働関係調整法は，労働争議を当事者によって自主的に解決することが困難な場合に備えて，斡旋，調停，仲裁，緊急調整などを定めている。斡旋とは，斡旋員が労使間の争議の解決を援助することである（労調13）。調停とは，労働委員会に設けられた調停委員会が調停案を作成して，労使双方にその受諾を勧告することである（労調26①）。仲裁とは，労働委員会が設けた仲裁委員会が，労働争議の解決のために拘束力のある仲裁裁定をおこなうことである（労調33・34）。争議行為により国民経済の運行を著しく阻害するとき，または国民の日常生活を著しく危うくするおしれがあるときは，内閣総理大臣は緊急調整の決定をすることができる（労調35の2①）。

④ 労働基準法

労働基準法は，「労働条件は，労働者が人たるに値する生活を営むための必要を充たすべきものでなければならない。」（労基1①）として，労働条件の最低基準を定めている。労働基準法が守られるように監督する機関として，厚生労働省に労働基準主管局，都道府県に都道府県労働局，全国各地に労働基準監督署が設置され，労働基準監督官が配置されている（労基97）。

賃金の最低水準は，最低賃金法に定められている。最低賃金額よりも低い賃金を定める労働契約は無効となる（最賃4②）。また，労働者の安全・衛生に関しては，労働安全衛生法で定められている。

表19　労働基準法の主な内容

章	条文	内容
第1章	第1条 労働条件の原則	人たるに値する生活を営むための必要を充たす最低基準であり，向上に努めなければならない。
	第2条 労働条件の決定	労働者と使用者が対等の立場で決定すべきである。労働協約・就業規則・労働契約の遵守義務。
	第3条	国籍・信条・社会的身分を理由とする労働条件の差別的取扱いの禁止。

総則	均等待遇	
	第4条 男女同一賃金の原則	女性であることを理由とする賃金の差別的取扱いの禁止。
	第5条 強制労働の禁止	暴行・脅迫・監禁などの不当な拘束手段による労働の強制の禁止。
第2章 労働契約	第13条 この法律違反の契約	労働基準法の基準に達しない労働条件を定める労働契約は無効とし，この法律の基準を適用。
	第15条 労働条件の明示	労働契約の締結に際し，賃金・労働時間などの労働条件の明示義務。
	第17条 前借金相殺の禁止	前借金その他労働することを条件とする前貸の債権と賃金の相殺禁止。
	第19条 解雇制限	業務上の負傷・疾病の療養のための休業期間およびその後30日間，並びに産前産後の休業期間およびその後30日間の解雇禁止。
	第20条 解雇の予告	30日以上前に解雇予告または30日分以上の平均賃金の支払い。
第3章 賃金	第24条 賃金の支払	原則として，通貨で直接労働者に全額，毎月1回以上，一定の期日に支払う。銀行口座への振込み可（労基則7の2①Ⅰ）。
	第26条 休業手当	使用者の都合による休業の場合，平均賃金の60％以上の支払い。
	第28条 最低賃金	賃金の最低基準は，最低賃金法で定める。
第4章 労働時間・休憩・	第32条 労働時間	1週につき40時間，1日につき8時間。
	第32条の2 1か月単位の変形労働時間制	労使協定または就業規則により，1か月以内の一定期間を平均し，1週間当たりの労働時間が法定労働時間を超えない範囲内において，特定の日または週に法定労働時間を超えて労働させることができる。
	第32条の3 フレックスタイム制	一定の期間についてあらかじめ定めた総労働時間の範囲内で，労働者が日々の始業・終業時刻，労働時間を自ら決めることができる。
	第32条の4 1年単位の	労使協定により，1か月を越え1年以内の一定の期間を平均し，1週間当たりの労働時間が40時間以下の範囲内において，特定の日または週に

	変形労働時間制	1日8時間または1週40時間を超え，一定の限度で労働させることができる。
休日および年次休暇	第34条 休憩	労働時間6時間以上で45分以上，8時間以上で1時間以上の休憩時間を労働時間の途中に与えなければならない。
	第35条 休日	毎週少なくとも1回，または4週間を通じ4日以上の休日。
	第36条 時間外および休日の労働	労働組合または労働者の過半数代表者との書面による協定で可能（三六協定）。時間外労働の上限は，原則として1か月45時間，1年360時間。
	第37条 時間外，休日および深夜の割増賃金	時間外労働と休日労働に対し25％〜50％の割増賃金。月60時間を超える時間外労働は50％以上の割増賃金。深夜労働は25％以上の割増賃金。
	第38条の3 専門業務型裁量労働制	業務の性質上，業務遂行の手段や方法，時間配分等を大幅に労働者の裁量にゆだねる必要がある対象業務について，実際の労働時間ではなく，労使協定で定めた時間が労働したとみなされる。対象業務は，研究開発，情報処理システムの分析・設計，記事の取材・編集など。
	第38条の4 企画業務型裁量労働制	事業の企画・立案・調査・分析の業務であって，使用者が業務の遂行の手段および時間配分について具体的な指示をしないものについて，実際の労働時間ではなく，労使委員会で決議した時間が労働時間とみなされる。
	第39条 年次有給休暇	6か月間継続勤務し8割以上出勤した場合は10日，2年6か月まで継続勤務した場合は年1日加算，3年6か月以上継続勤務した場合は年2日加算，最高20日。年次有給休暇が10日以上付与される労働者に年5日の年次有給休暇を取得させることは使用者の義務。
	第41条の2 労働時間等に関する規定の適用除外	高度の専門的知識等を有し，職務の範囲が明確で一定の年収要件を満たす労働者には，労使委員会の決議および労働者本人の同意を前提として，年間104日以上の休日確保措置や健康管理時間の状況に応じた健康・福祉確保措置等を講ずることにより，労働基準法に定められた労働時間，休憩，休日および深夜の割増賃金に関する規定を適用しない（高度プロフェッショナル制度）。
第6章 年少者	第56条 最低年齢	満15歳未満の児童の使用禁止。映画の製作・演劇の事業は例外。
	第58条 未成年者の労働契約	親権者や後見人が，未成年者に代わって労働契約を締結することはできない。

	第61条 深夜業	満18歳未満の深夜業（午後10時～午前5時）の禁止。
妊産婦等の第6章の2	第65条 産前産後	産前は1子で6週間，多胎妊娠で14週間の休業。産後は8週間の休業。
	第67条 育児時間	生後満1年未満の生児を養育する女性に，第34条の休憩時間のほか，1日2回，少なくとも各30分の育児時間。
第8章 災害補償	第75条 療養補償	業務上の負傷・疾病は，使用者が療養の費用を負担。
	第76条 休業補償	業務上の負傷・疾病による療養期間中は，平均賃金の60％の休業補償。
	第77条 障害補償	業務上の負傷・疾病が治った場合に，身体に障害が残ったときは，障害補償。
	第79条 遺族補償	業務上死亡した場合，遺族に平均賃金の1,000日分の遺族補償。
第9章 就業規則	第89条 作成および届出の義務	常時10人以上の労働者を使用する使用者に，始業・終業の時刻，休憩時間，休日，休暇，交替制，賃金の決定・計算・支払方法，昇給，退職手当などの就業規則の作成および労働基準監督署への届出義務。
	第90条 作成の手続	労働組合または労働者の過半数を代表者する者の意見を聴く。
第11章 監督機関	第97条 監督機関の職員等	労働基準主管局，都道府県労働局，労働基準監督署を設置し，労働基準監督官を配置する。
	第104条 監督機関に対する申告	労働者は労働基準法違反の事実を行政官庁・労働基準監督官に申告することができ，申告をしたことを理由とする不利益な取扱いの禁止。

☑発展：高度プロフェッショナル制度

　高度プロフェッショナル制度は，高度の専門的知識等を有し，職務の範囲が明確で一定の年収要件を満たす労働者を対象として，労使委員会の決議および労働者本人の同意を前提として，年間104日以上の休日確保措置や健康管理時間の状況に応じた健康・福祉確保措置等を講ずることにより，労働基準法に定められた労働時間，休憩，休日および深夜の割増賃金に関する規定を適用しない制度である。具体的に高度プロフェッショナル制度の対象となるのは，年収

1,075万円以上で（労基則34の2⑥），金融商品の開発，ディーリング，アナリスト，コンサルタント，研究開発の5つの対象業務（労基則34の2③）に就く労働者である。

　企業の中核業務や高度の専門性が求められる職種について，仕事の成果と労働時間が必ずしも対応しないことから，高度プロフェッショナル制度の導入は，脱時間給，時間ではなく成果で評価される働き方，多様で柔軟な働き方の実現といった観点から高く評価する声がある。他方で，歯止めのない過重労働を生む，過労死の増大につながるといった批判もある。

⑤　その他の労働に関する法律

　社会経済の変化に連動して，労働環境も変化しさまざまな問題が生じてきた。それに対応するために立法がなされてきた。

5.1　女性の労働環境の整備

　1970年代以降，雇用者全体に占める女性労働者の割合は増加し続けている。昭和54（1979）年に，男女の完全な平等の達成に貢献することを目的として，女子に対するあらゆる差別を撤廃することを基本理念とする女子差別撤廃条約が国連総会で採択された。日本は，昭和60（1985）年に女子差別撤廃条約を締結し，批准（条約法2①(b)）に向けた国内法整備の一環として，同年，勤労婦人福祉法を全面改正し，雇用の分野における男女の均等な機会及び待遇の確保等女子労働者の福祉の増進に関する法律（男女雇用機会均等法）が成立した。男女雇用機会均等法は，募集，採用，配置，昇進についての男女差別の解消を事業主の努力義務とするほか，定年，退職，解雇での差別的取扱いを禁止した。平成3（1991）年に育児休業等に関する法律（育児休業法）が成立し，事業者は，労働者からの育児休業の申出を，原則として拒むことができないとされた。平成7（1995）年に育児休業，介護休業等育児又は家族介護を行う労働者の福祉に関する法律（育児・介護休業法）に改正され，介護休業制度が導入された。

平成9（1997）年に，いわゆる男女雇用機会均等法の題名は，雇用の分野における男女の均等な機会及び待遇の確保等に関する法律に改正された。この改正により，募集，採用から退職・解雇までの女性差別は，従来は事業主の努力目標であったが，禁止規定になった。平成27（2015）年には，女性の職業生活における活躍を推進するために，女性の職業生活における活躍の推進に関する法律（女性活躍推進法）が制定された。平成28（2016）年に男女雇用機会均等法は改正され，妊娠・出産等に関するハラスメント防止措置義務が新設された。

5.2 非正規雇用労働者に関わる法律

労働者の雇用形態には，正社員，派遣社員（派遣労働者），契約社員（有期労働契約の労働者），パートタイム労働者，業務委託（請負）契約を結んで働いている人がある。

派遣とは，労働者が人材派遣会社（派遣元）との間で労働契約を結んだ上で，派遣元が労働者派遣契約を結んでいる会社（派遣先）に労働者を派遣し，労働者は派遣先の指揮命令を受けて労働に従事することをいう（労派遣2Ⅰ）。労働者派遣では，労働者に賃金を支払う会社と指揮命令をする会社が異なるという複雑な労働形態となっている。

契約社員（有期労働契約の労働者）は，労働契約にあらかじめ契約期間が定められており，1回当たりの契約期間は一定の場合を除いて最長3年である（労基14①）。

パートタイム労働者とは，短時間労働者及び有期雇用労働者の雇用管理の改善等に関する法律（パートタイム労働法）第2条第1項における「短時間労働者」のことである。1週間の所定労働時間が，同一の事業所に雇用されている通常の労働者と比べて短い労働者のことを指し，法律上はパートタイマーやアルバイトという区別はない。

パートタイム労働者も労働者であるので，各種労働法が適用される。パートタイム労働者が，①職務内容が正社員と同一であり，かつ②人材活用の仕組み（人事異動等の有無や範囲）が正社員と同一である場合には，当該パートタイム

労働者については，基本給，賞与その他の待遇について正社員と差別的取扱いをすることが禁止される（同一労働同一賃金。短時有期9）。全ての短時間労働者を対象とした不合理な待遇の禁止が規定されており，事業主が，雇用するパートタイム労働者の待遇と正社員の待遇に差を設ける場合は，その待遇の相違は，職務内容，職務内容・配置の変更範囲，その他の事情を考慮して，不合理と認められるものであってはならない（短時有期8）。

　業務委託や請負の場合，注文主との間に，請負契約（民632），委任契約（民643）または請負契約と委任契約の混合形態となる契約が締結されるため，注文主から受けた仕事の完成（請負契約の場合。民632），または委任事務の履行（委任契約の場合。民648）もしくは委任事務の履行・履行により得られた成果（委任契約の場合。民648・648の2）に対して報酬が支払われる。したがって，業務委託（請負）契約を結んで働いている人は，注文主の指揮命令を受けない事業主として扱われ，基本的には労働者としての保護を受けることはできない。ただし，業務委託や請負といった契約をしていても，その働き方の実態から注文主の労働者であると判断されれば，労働法規等の保護を受けることができる。

　☑判例紹介：同一労働同一賃金にかかわる訴訟

　非正規雇用の有期契約労働者らが，賞与（大阪医科大学事件）や退職金（メトロコマース事件）を受け取れないのは，正規雇用の労働者との間の「不合理な格差」に当たるとして是正を求めた2件の上告審判決で，最高裁判所第3小法廷は，令和2年10月13日に，賞与・退職金は，「正職員としての職務を遂行し得る人材の確保やその定着を図るなどの目的」から，正職員に対して支給しているとの理由で，格差は不合理ではないとして，有期契約労働者らの請求を退けた（最判令和2年10月13日裁時1753号4頁（大阪医科大学事件），最判令和2年10月13日民集74巻7号1901頁（メトロコマース事件））。

　これに対して，日本郵便の有期契約労働者が，①年末年始の勤務手当，②年始期間の祝日給，③扶養手当，④夏期冬期休暇，⑤有給の病気休暇が正社員だけに与えられているのは「不合理な格差」に当たるとして是正を求めた3件の

第9章 労働と法

訴訟の上告審判決で，最高裁判所第1小法廷は，令和2年10月15日に，正社員と有期契約労働者との間の待遇格差は「不合理な格差」に当たると判断し，有期契約労働者の主張を全面的に認めた（最判令和2年10月15日裁時1754号1頁，最判令和2年10月15日裁時1754号2頁，最判令和2年10月15日裁時1754号5頁）。

①年末年始の勤務手当は，最繁忙期であり，多くの労働者が休日として過ごしている期間において業務に従事したことに対する対価である。②年始期間の祝日給は，最繁茂期であるために，年始期間に勤務したことの代償として，通常の勤務に対する賃金の割増しである。③扶養手当の支給は，生活保障や福利厚生を図り，扶養親族のある者の生活設計等を容易にさせることを通じて，継続的な雇用を確保することを目的にしているので，扶養親族があり，かつ，相応に継続的な勤務が見込まれる契約社員にも，この趣旨が妥当する。④夏期冬期休暇は，労働から離れる機会を与えることにより，心身の回復を図ることを目的としている。⑤有給の病気休暇の趣旨は，生活保障を図り，私傷病の療養に専念させることを通じて，その継続的な雇用を確保するという目的であり，継続的な勤務が見込まれる有期契約労働者についても，この趣旨は妥当する。

5.3　高齢者，障害者，外国人労働者

少子高齢化が進んでいることから，平成24（2012）年に高年齢者等の雇用の安定等に関する法律（高年齢者雇用安定法）が改正され，事業主は，希望者全員を対象に65歳までの雇用機会を確保することが義務づけられた（高年9）。さらに，令和2（2020）年の改正により，事業主に対して，65歳から70歳までの高年齢者就業確保措置を講ずるよう努力義務が課せられることになった（高年10の2）。

障害者の雇用を促進するために，昭和35（1960）年に，障害者の雇用の促進等に関する法律（障害者雇用促進法）が制定され，官公庁や民間企業に一定率の雇用を義務づけた。障害者雇用促進法は，平成20（2008）年改正では，障害者の意欲・能力に応じた障害者の雇用機会を拡大するために，中小企業における障害者雇用の促進を図るとともに，短時間労働へも対応した。平成25（2013）年改正は，障害者の権利に関する条約の批准に向けて，雇用の分野における障害者に対する差別の禁止および障害者が職場で働くに当たっての支障を改善す

るための措置（合理的配慮の提供義務）を定めた。令和元（2019）年改正により，障害者の雇用を一層推進するため，事業主に対して，短時間労働以外の労働が困難な状況にある障害者の雇入れおよび継続雇用を支援する措置が行われるようになった。

　経済社会の国際化・グローバル化の進展に伴い，外国人労働者数は増加した。しかし，雇用が不安定であったり，不当な低賃金であったり，その就労状況には問題が多い。外国人が適正に就労できるようにするために，外国人を雇用する事業主は，外国人労働者の雇入れおよび離職の際に，その氏名，在留資格などについて，厚生労働大臣（ハローワーク）へ届け出ることが義務づけられている（労働施策推進28）。また，外国人労働者が安心して働き，その能力を十分に発揮する環境が確保されるよう，雇用管理の改善をする努力義務が事業主に課されている（労働施策推進7）。中小・小規模事業者をはじめとした深刻化する人手不足に対応するため，平成30（2018）年には，出入国管理及び難民認定法及び法務省設置法の一部を改正する法律が成立し，新たな在留資格である特定技能1号および特定技能2号が創設された（入管別表第1の2）。特定技能1号とは，特定産業分野に属する相当程度の知識または経験を必要とする技能を要する業務に従事する外国人向けの在留資格のことである。特定技能2号とは，特定産業分野に属する熟練した技能を要する業務に従事する外国人向けの在留資格のことである。特定産業分野は，介護，ビルクリーニング，素形材産業，産業機械製造業，電気・電子情報関連産業，建設，造船・舶用工業，自動車整備，航空，宿泊，農業，漁業，飲食料品製造業，外食業である（出入国管理及び難民認定法別表第1の2の表の特定技能の項の下欄に規定する産業上の分野等を定める省令）。特定技能2号による外国人の受入れ対象分野は，特定技能1号の12の特定産業分野のうち，介護分野以外の全ての特定産業分野である。

5.4　働き方の多様化と労働者保護

　働き方が多様化したことにともない，個々の労働者と事業主との間の個別労働紛争が増加するようになった。そこで，個別労働紛争を迅速に解決するため

に，平成13（2001）年に，個別労働関係紛争の解決の促進に関する法律が制定され，都道府県労働局における個別労働紛争解決制度（個別労紛 3・4・12）や都道府県労働委員会等における個別労働関係紛争のあっせん（個別労紛20）が整備された。また，平成16（2004）年には，労働審判法が制定され，平成18（2006）年から，裁判所が通常の訴訟よりも費用が安く，迅速に解決する労働審判制度が施行された。労働審判制度は，個々の労働者と事業主との間に生じた労働関係に関する紛争を，裁判所において，裁判官である労働審判官 1 名と，労働関係に関する専門的な知識を有する労働審判員 2 名とで組織する労働審判委員会（労審 7 ）が調停や審判を行う制度である。原則として 3 回以内の期日で，迅速，適正かつ実効的に解決することを目的としている（労審15②）。労働審判に対する異議申し立てがあれば，訴訟に移行する（労審22①）。

　そして，働き方の多様化に伴う労働条件決定の個別化の進展や個別労働紛争の増加等に対応して，労使当事者が実質的に対等な立場で労働条件を決定することを促進し，紛争の未然防止等を図るために，平成19（2007）年に，労働契約の基本ルールを定めた労働契約法が制定された。労働契約法は，採用，労働条件の変更，解雇などの労使間の雇用ルールを明確化するとともに，平成24（2012）年改正により，有期労働契約がくり返し更新されて通算 5 年を超えたときは無期労働契約へ転換できる制度が導入された（労契18）。

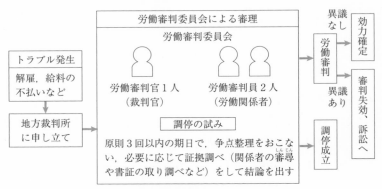

図 10　労働審判制度の流れ

出典：谷田部玲生ほか『高等学校　新公共』第一学習社，令和 5 （2023）年，113頁。

<table>
<tr><td>第**10**章</td><td>社会保障の役割</td></tr>
</table>

① 社会保障の考え方

　私たちは，健康で幸福な生活を送ることを願っているが，病気や失業，加齢などにより自立した生活が困難になることがある。そこで，個人の力だけでは備えることに限界があるこのようなリスクに対して，社会全体で助け合い，支える仕組みが社会保障制度である。

　将来の不確実なリスクに対して，貯金や民間保険に任意加入するなどして自分で備えることにより（自助）対応できることもある。しかし，民間保険には加入制限が設けられている場合もあるし，対応には限界がある。そこで，親族や地域などの共同体や会社などの組織で助け合う共助が重要となる。社会保険は，加入を義務づけ，保険料を徴収することにより，お互い支え合う仕組みで，共助の考え方に基づき運営されている。国が税金によって必要な保障を行う仕組みを，公助という。

② 日本の社会保障制度

　日本の社会保障制度は，自助を基本にして，社会保険による共助や税金による公助などを組み合わせている。社会保険には，病気・けがに備える「医療保険」，年をとったときや障害を負ったときなどに年金を支給する「年金保険」、仕事上の病気、けがや失業に備える「労働保険」（労災保険・雇用保険)，加齢に伴い介護が必要になったときの「介護保険」がある。

　公助には，社会福祉，公的扶助，公衆衛生がある。社会福祉は，児童や母子，

表20 日本の社会保障制度

種　類		内　容
社会保険	医　療	健康保険（民間被用者），国民健康保険（自営業・農業），各種共済組合（公務員など），船員保険，後期高齢者医療制度（75歳以上の国民）。
	年　金	国民年金（日本国内に住んでいる20歳以上60歳未満の人），厚生年金（被用者）。
	雇　用	雇用保険，船員保険。
	労　災	労働者災害補償保険，公務員災害補償保険。
	介　護	介護保険（40歳以上の国民）。
公的扶助	生活保護	生活扶助，教育扶助，住宅扶助，医療扶助，介護扶助，出産扶助，生業扶助，葬祭扶助。
社会福祉		児童福祉，母子・父子福祉，身体障害者福祉，知的障害者福祉，老人福祉。
公衆衛生	医　療	健康増進対策，難病・感染症対策，保健所サービスなど。
	環　境	生活環境整備，公害対策，自然保護など。

高齢者，障害者などに対し，社会福祉に関する法律（児童福祉法，母子及び寡婦福祉法，老人福祉法，身体障害者福祉法，知的障害者福祉法など）に基づき施設やサービスを提供する制度である。全国の福祉事務所がその事務を行っている。

公的扶助は，生活保護法に基づき，最低生活の保障と自立の助長を図ることを目的として，生活，教育，住宅，医療，介護，出産，生業，葬祭の8つの分野で行われている（生活保護11①）。全額公費で負担する。

公衆衛生は，感染症予防や衛生教育などによって国民の健康を維持・増進をはかるとともに，公害対策や上下水道などをとおして生活環境の整備をはかるものである。

③　日本の年金制度

日本の公的年金は，①日本国内に住んでいる20歳以上60歳未満の人が加入す

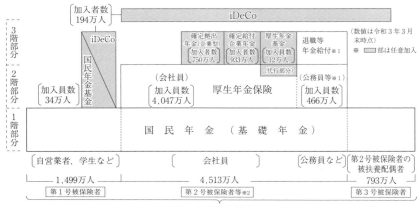

加入者数
194万人　　　iDeCo

（数値は令和3年3月末時点）
※　　部は任意加入

3階部分

iDeCo

国民年金基金

確定拠出
年金(企業型)
加入者数
750万人

確定給付
企業年金
加入者数
933万人

厚生年金
基金
加入者数
12万人
（代行部分）

退職等
年金給付※1

2階部分

加入員数
34万人

（会社員）
加入員数
4,047万人

厚生年金保険

（公務員等※1）
加入員数
466万人

1階部分

国　民　年　金　（基　礎　年　金）

自営業者，学生など

会社員

公務員など

第2号被保険者の
被扶養配偶者

1,499万人

4,513万人

793万人

第1号被保険者

第2号被保険者等※2

第3号被保険者

6,756万人

※1　2015年10月から，公務員や私立学校の教職員も厚生年金に加入。また，共済年金の職域加算部分は廃止され，新たに年金払い退職給付が創設。ただし，それまでの共済年金に加入していた期間分は，2015年10月以後においても，加入期間に応じた職域加算部分を支給。
※2　国民年金の第2号被保険者等とは，厚生年金被保険者をいう（国民年金の第2号被保険者のほか，65歳以上で老齢，または，退職を支給事由とする年金給付の受給権を有する者を含む）。

図11　年金制度のしくみ

出典：厚生労働省『年金制度のポイント　くらしの中に，年金がある安心　2022年度版』（https://www.mhlw.go.jp/content/12500000/20220928.pdf（最終閲覧日：2023年12月11日）

る国民年金（基礎年金）のうえに（1階部分），②会社員や公務員等が加入する厚生年金保険が積み上げられるしくみである（2階部分）。また，③公的年金と別に保険料を納め，公的年金に上乗せして給付を行う企業年金などの私的年金は，3階部分にあたる。年金財源の調達方法には，被保険者が保険料を積み立てる積立方式と，現役世代の保険料でその時点の高齢者を支える賦課方式がある。積立方式には，人口構成の変化による影響を受けにくいというメリットがある反面，将来インフレになると，積み立てた年金が目減りするデメリットがある。賦課方式には，インフレに対処しやすいというメリットがある反面，少子高齢化が進むと，現役世代の保険料負担が重くなり，現在の負担と将来の給付に対する不公平感を生み出すというデメリットがある。現在の公的年金制度は，世代間扶養の考え方に基づく賦課方式を基本としつつも，その費用の一部に対して国庫負担を行っている（国年85）。

④　少子高齢化と社会保障

　戦後，日本は社会保障制度の整備，拡充に努め，昭和36（1961）年には，国民皆保険・国民皆年金が実現した。国民年金の支給開始年齢は，制度発足当初より，65歳であった。しかし，日本は，少子高齢化が進んでおり，昭和45（1970）年に高齢化社会（総人口に占める65歳以上の人口の割合が7％超えた社会），平成6（1994）年に高齢社会（総人口に占める65歳以上の人口の割合が14％超えた社会），平成19（2007）年に超高齢社会（総人口に占める65歳以上の人口の割合が21％超えた社会）になった。令和4（2022）年10月1日現在，高齢化率（総人口に占める65歳以上の人口の割合）は29.0％である。

　また，日本の総人口は，長期の人口減少過程に入っており，生産年齢人口（15〜64歳）は平成7（1995）年をピークに減少しており，令和32（2050）年には5,540万人に減少し，高齢化率は37.1％に達すると見込まれている。

　少子高齢化の社会の到来によって社会保障給付費も急激に増大した。昭和57（1982）年に老人保健法が制定され，老人医療の一部が有料化され，年々負担率が引き上げられた。昭和61（1986）年からは，満20歳以上の全国民に加入が義務づけられる基礎年金制度が始まった。平成6（1994）年の年金制度の改革により，老齢厚生年金の定額部分の支給開始年齢が段階的に引き上げられた（原則男子は平成25（2013）年度から，女子は平成30（2018）年度から65歳になった）。平成12（2000）年から，介護保険制度が実施され，40歳以上の人が保険料を支払い（介護保険9），原則65歳以上でかつ要介護認定を受けた場合（介護保険7③），原則1割の自己負担で介護サービスを受けられるようになった（介護保険41④など）。同年，年金制度が改正され，厚生年金の報酬比例部分の支給開始年齢引上げが決まった（男子は令和7（2025）年度，女子は令和12（2030）年度までに段階的に60歳から65歳まで引き上げられる）。平成20（2008）年には，75歳以上を対象とする後期高齢者医療制度が導入された（高齢者医療確保47以下）。平成25（2013）年に，社会保障の充実・安定化と，そのための安定財源確保と財政健

全化の同時達成を目指して，持続可能な社会保障制度の確立を図るための改革の推進に関する法律が成立した（社会保障と税の一体改革）。この法律に基づき，平成26（2014）年以降，関連法が成立し，令和元（2019）年10月の消費税率10％への引き上げで社会保障と税の一体改革は一旦の区切りを迎えた。

<table>
<tr><td>第**11**章</td><td>民事紛争の予防と解決</td></tr>
</table>

1 民事紛争の予防

　民事事件をめぐり紛争が生ずることがある。紛争を解決するためには，時間，費用，労力を要するので，紛争が発生しないように未然に防止することが重要である。

　契約当事者間における紛争を予防するためには，契約書を作成するのも一つの方法である。契約は，原則として当事者間の意思表示が合致していれば成立し，契約書の作成は不要である。しかし，契約書を作成しておけば，後日，契約内容を確認することができ，契約内容に関するトラブルを回避することができる。

　もっとも，契約書自体が真正に成立したものであるかが争いになることもあるが，このような場合に備えるならば，公正証書で作成すべきである。公正証書は，公証人によって厳格な手続にしたがって作成されるので（公証2・26以下），真正に成立した公文書と推定される（民訴228②）。公正な第三者である公証人が，その権限に基づいて作成した文書であるので，当事者の意思に基づいて作成されたものであるという強い推定が働き，これを争う相手方の方でそれが虚偽であるとの反証をしない限り，この推定を破ることはできない。

　しかも，金銭債務についての公正証書は，債務者が直ちに強制執行に服する旨の陳述が記載されている場合は，執行力を有するので，債務者が債務不履行になったときに，債権者は裁判所に訴えることなく直ちに強制執行をすることができる（民執22Ⅴ）。

　私人が作成した文書で，作成者の署名，署名押印または記名押印のあるもの（私署証書）について，公証人が認証を与えると（公証1Ⅱ・58以下），その文書

が真正に成立したこと，すなわち文書が作成名義人の意思に基づいて作成されたことが推定される。これによっても，文書の成立の真正に関する争いを避けることができる。

② 裁判以外による紛争の解決

2.1　和解

　和解とは，当事者が互いに譲歩をしてその間に存在する争いをやめることを約束することによって紛争の解決を図るものである。和解には，裁判外の和解と裁判上の和解がある。

　裁判外の和解とは，示談とも呼ばれ，当事者が互いに譲歩をしてその間に存する争いをやめることを約する契約である（民695）。和解契約を締結した後で，和解内容と異なる確証が発見されたとしても，和解契約で決めたことを変更することはできない（民696）。

　裁判上の和解には，訴えを起こしその手続が行われている間に，その裁判所でなされる訴訟上の和解（民訴89）と，訴えを起こすことなく，当事者が裁判所に出頭し和解をする訴え提起前の和解（即決和解）とがある（民訴275）。裁判上の和解が成立すると，その内容は調書に記載され（民訴規67①Ⅰ），裁判で判決が下されたのと同じ効力を有する（民訴267）。したがって，裁判外の和解とは異なり，調書に記載された債務が履行されないときは，ただちに強制執行ができる（民執22Ⅶ）。

2.2　調停

（1）民事調停の概要

　民事調停は，通常の裁判（訴訟）とは異なり，話合いによりお互いが合意することで紛争の解決を図る手続である（民調1）。調停の申し立てが行われると，裁判所は，通常，裁判官1名と，社会生活上の豊富な知識経験や専門的な知識を持つ調停委員2名による調停委員会を構成する（民調6・7）。調停では，調

停委員は，調停を申し立てた人（申立人）およびその相手（相手方）の双方から話を聞き，双方の歩み寄りを促したり，調停委員会が妥当と考える解決案を提示したりして，合意に導くように調整が試みられる。話合いによって当事者双方が合意に達した場合は，調停が成立し，判決と同じ効力を持つ調停調書が作成される（民調16）。

　双方の合意が得られない場合，調停不成立になることもあれば（民調14），裁判所が適切と思われる解決案（「調停に代わる決定」）を示すこともある（民調17）。調停に代わる決定は，当事者双方が納得すれば調停が成立したのと同じ効果があるが，どちらかが 2 週間以内に異議を申し立てると，効力を失う（民調18）。調停不成立の場合や，調停に代わる決定が失効した場合は，改めて訴訟を起こすことができる。

（2）民事調停のメリット

　訴訟ではなく，民事調停を選ぶメリットとして，①訴訟よりも手続が簡易であること，②当事者の合意を基本としているため，円満な解決ができること，③訴訟よりも費用が安いこと，④民事調停は非公開で行われるため，プライバシーが守られること，⑤ポイントを絞って話合いをするため，訴訟に比べて早く解決できること，⑥調停調書が判決と同じ効力を持つことがあげられる。

（3）民事調停で取り扱う事件

　民事調停では，貸金，給料・報酬などの問題，家賃・地代の不払・改定などの問題，敷金・保証金の返還などの問題，クレジット・ローン問題，損害賠償（交通事故ほか）などの問題，近隣関係の問題などが主に取り扱われている。なお，離婚や相続などの家庭内の問題については，家事調停で取り扱われる（家事244）。

2.3　仲裁

　仲裁は，すでに生じた民事上の紛争または将来において生ずる一定の法律関

係に関する民事上の紛争の全部または一部の解決を，1人または2人以上の仲裁人にゆだね，かつ，その判断に服する旨の合意（仲裁合意）をもとに行われる（仲裁2①）。仲裁合意があると，受訴裁判所は，被告の申立てにより，原則として訴えを却下しなければならない（仲裁14①）。仲裁判断は，確定判決と同一の効力を有する（仲裁45）。当事者は，仲裁判断に不服があっても，異議を申し立てることができない。

☑発展：裁判外紛争解決（ADR：Alternative Dispute Resolution）

　裁判に比べて迅速でコストが安い制度として裁判外紛争解決（ADR：Alternative Dispute Resolution）がある。また，紛争によっては，裁判所による権力的な解決よりも，当事者間での自主的な解決に委ねた方が良いこともある。そこで，裁判外紛争解決手続の利用に関する法律（ADR法）は，民間事業者の行う裁判外紛争解決手続の利用促進をはかり，法務大臣の認証を受けた紛争解決手続の利用に関し，時効中断効および訴訟手続の中止などの法的効果を認めている。

　たとえば，日本スポーツ仲裁機構によるスポーツに関する紛争の仲裁・調停，自転車ADRセンターによる自転車事故に関する紛争の調停，ソフトウェア紛争解決センターによるソフトウェアに関する紛争の仲裁などである。

---

③　民事訴訟

　和解や調停では，当事者の合意がないと紛争を解決することができない。仲裁では，仲裁合意が必要である。そこで，相手方の意思に反しても紛争を最終的に解決する制度が必要であり，それが民事訴訟である。日本国憲法第32条は，「何人も，裁判所において裁判を受ける権利を奪はれない。」として，裁判所の裁判を求める権利を基本的人権として保障している。

　民事訴訟において訴えを起こした者を原告，訴えを起こされた相手方を被告という。訴訟は，原告が訴状を裁判所に提出することによって開始される（民訴134①）。訴状が提出されるとそれは被告に送達される（民訴138①）。被告はそ

れに対して答弁書を提出する（民訴規80）。

　訴えの提起があったときは，裁判長は，口頭弁論の期日を指定し，当事者を呼び出さなければならない（民訴139）。口頭弁論とは，裁判官の面前で行われる当事者の弁論である（民訴87①）。当事者は，それぞれの主張を立証するために証拠を提出しなければならない。証拠調べの方法には，書面を証拠とする書証，第三者を証人として呼んで事情を聞く証人尋問，専門家に意見を求める鑑定などがある。どの証拠を採用するかは，裁判官の自由な判断に任されている（民訴247）。これを自由心証主義という。

　裁判官は，自由心証主義に基づいて事実を確定し，その確定した事実に法を適用して判決書を作成し，公開の法廷で判決を言い渡す（民訴252）。判決に不服がある当事者は，上級の裁判所に上訴することができる。第一審の判決に不服がある場合には，判決書の送達を受けた日から 2 週間以内に控訴することができる（民訴281・285）。第二審の判決に不服がある場合には，上告することができる（民訴311）。このように民事訴訟では，第三審まで裁判をすることができる三審制を採用している。第一審，第二審では事実を調べるが，上告審では事実を争うことはできず，法令の適用に誤りがないかどうかだけを調べる。

　期間内に上訴がなされないと，判決は確定する（民訴116①）。

④　強制執行

　債務者が債務を履行することを命ずる内容（たとえば，「被告は，原告に対し，100万円を支払え。」）の判決が確定したにもかかわらず，債務者が債務を履行しない場合，このまま放置すると紛争は解決されない上に，裁判の権威も失われる。しかし，個人が勝手に実力を行使して権利を実現することは禁止されている（自力救済の禁止）。そこで，確定判決の内容を強制的に実現する手続として，強制執行が用意されている。強制執行の方法には，直接強制・代替執行・間接強制がある（民414①）。

　直接強制とは，裁判所の手を借りて，債権の内容を直接的に実現する方法で

ある。たとえば，物の引き渡しの場合，執行官が債務者からその物を取り上げて，それを債権者に引き渡す（民執169）。代替執行とは，たとえば妨害物を除去する債務のように，債務の内容が債務者以外の第三者でも履行できる場合に，債務者の費用で第三者にその行為をさせることである（民執171）。間接強制とは，債務者に対して，債務を履行しない場合には一定額の金銭を債権者に支払えと命じて，債務者に心理的な圧迫を加えることによって，間接的に履行を強制する方法である（民執172・173）。

<table>
<tr><td>第**12**章</td><td>家族と法</td></tr>
</table>

1　親族

　家族に関する法律関係について，民法第4編親族および第5編相続で規定されている。民法第4編・第5編は家族法と呼ばれている。

　民法は，①6親等内の血族，②配偶者，③3親等内の姻族を親族とする（民725）。血族とは，生理的に血筋のつながる血縁者（自然血族）および法律上血縁者と同様に扱われる者（法定血族。養親子。民727）のことである。配偶者とは，婚姻によって夫婦となった者である。姻族とは，配偶者の血族および自分の血族の配偶者のことである。

　親族は，直系親族と傍系親族，尊属と卑属に区別される。直系親族とは，親と子，祖父母と孫のように血のつながりが直上直下する親族のことであり，傍系親族とは，兄弟姉妹，いとこ，伯父（叔父）・伯母（叔母）と甥・姪のように共通の始祖の子孫にあたる親族のことである。尊属とは，父母や祖父母のように自分より前の世代にある者であり，卑属とは，子や孫のように自分より後の世代にある者である。

　親等とは，親族間の世代数である（民726）。傍系親族の親等を定めるにはその一人またはその配偶者から同一の祖先にさかのぼり，その祖先からほかの一人に下るまでの世代数による。たとえば，自分と親は1親等，祖父母とは2親等，兄弟姉妹とは2親等，伯父（叔父）・伯母（叔母）とは3親等である。なお，配偶者との間には親等はない。

② 婚姻と離婚

2.1 婚約

　婚約とは，将来婚姻しようという男女間の合意である。婚約も契約であるが，当事者の意思に反して履行を強制することはできない。婚約を不当に破棄されたときは，相手方に対して財産的・精神的損害の賠償を請求することができる。

2.2 婚姻

（1）婚姻の成立

　日本国憲法は，婚姻は「両性の合意のみに基いて成立」すると定めている（婚姻の自由。憲24①）。しかし，民法などの法令は一定の制約を設けている。すなわち，婚姻が成立するためには，実質的要件として，①男女当事者に婚姻意思があること，②両者が婚姻年齢（18歳）になっていること（民731），③重婚でないこと（民732），④近親婚でないこと（民734〜736）が要求される。また，形式的要件として，戸籍法の定めるところによる婚姻の届出が必要である（民739）。

（2）婚姻の効力

　婚姻の効力として，夫婦は，婚姻の際に定めるとことに従い，夫または妻の氏を称する（民750。夫婦同氏の原則）。夫婦は同居し，互いに協力し扶助しなければならない（民752）。被相続人の配偶者は，常に相続人となる（配偶者の相続権。民890）。

（3）夫婦財産制

　民法は，夫婦の財産関係について，夫婦財産契約の締結（約定財産制）を原則としている（民755）。しかし，実際には，夫婦財産契約はほとんど用いられておらず，民法の定める法定財産制によって処理されるのがふつうである。す

なわち，夫婦の一方が婚姻前から有する財産および婚姻中自己の名で得た財産は，その特有財産（夫婦の一方が単独で有する財産）となる（夫婦別産制。民762①）。夫婦のいずれに属するか明らかでない財産は，共有に属するものと推定される（民762②）。夫婦は，その資産，収入その他一切の事情を考慮して，婚姻から生ずる費用を分担する（民760）。婚姻費用には，日常生活費や子の養育費などが含まれる。夫婦の一方が日常の家事に関して第三者と法律行為をしたときは，他の一方は，これによって生じた債務について，連帯して責任を負う（民761）。

2.3 離婚

（1）離婚の意義

離婚とは，生存中の夫婦が婚姻関係を解消することである。離婚には，協議離婚，調停離婚，審判離婚および裁判離婚の４種類がある。

（2）協議離婚

協議離婚とは，夫婦の協議による離婚であり（民763），離婚の届出が受理されることにより効力が生ずる（民764・739）。協議上の離婚においては，協議で父母の一方を親権者と定めなければならない（民819①）。

（3）調停離婚

離婚の訴えに係る訴訟は，人事訴訟である（人訴2Ⅰ）が，人事に関する訴訟事件は調停前置主義が採用されている（家事257①）。そのため，民法第770条第１項に基づき離婚の訴えを提起する前に，家庭裁判所に調停を申し立てなければならない。調停において当事者間に離婚の合意が成立し，これを調書に記載したときは，確定判決と同一の効力を有する（家事268①）。

（4）審判離婚

離婚の調停が成立しない場合，家庭裁判所は相当と認めるときは，当事者双方のために衡平に考慮して，職権で離婚の審判をすることができる（家事284①）。

（5）裁判離婚

　法定の離婚原因に基づいて，夫婦の一方が他方に対して離婚の訴えを提起し，裁判所の判決によって成立する離婚を，裁判離婚という。民法第770条第1項は，法定の離婚原因として，不貞行為，悪意の遺棄，3年以上の生死不明，回復の見込みのない強度の精神病，その他婚姻を継続し難い重大な事由を規定している。

　裁判離婚の場合には，裁判所は，父母の一方を親権者と定める（民819②）。

（6）離婚の効力

　離婚により婚姻は解消するので，再婚が可能となる。離婚した場合には，婚姻によって氏を改めた者は原則として婚姻前の氏に復する（民767①）。ただし，婚姻中の氏を続けたい者は，離婚の日から3か月以内に戸籍法の定めるところにより届出をすれば（戸籍77の2），その氏を使うことができる（民767②）。

　離婚した者は，相手方に対して財産の分与を請求することができる（民768）。

　　☑発展：養育費

　　民法第766条第1項は，父母が協議離婚をするときは，「子の監護に要する費用の分担」は，協議で定めると規定する。この規定は，裁判上の離婚についても準用されている（民771）。「子の監護に要する費用」とは，養育費のことである。養育費とは，子どもの監護や教育のために必要な費用のことであり，子どもが経済的・社会的に自立するまでに要する費用を意味し，衣食住に必要な経費，教育費，医療費などが含まれる。子どもを監護している親は，他方の親から養育費を受け取ることができる。離婚によって親権者でなくなった親であっても，子どもの親であるので，養育費の支払義務を負う。

　　養育費について協議が調わないときは，家事調停手続を利用することができる（家事244）。家事調停手続においても，取り決めに至らないときは，家事審判手続に移行する（民766②，家事39・別表第2）。

　　相手が養育費を支払わない場合，養育費の分担が家事調停や家事審判等で決められたときは，相手に対してそれを守るよう勧告することを家庭裁判所に求

めたり（家事289），相手に取り決めの履行を命じるよう家庭裁判所に申し立て
たりすることができる（家事290）。養育費の分担が，公正証書や，家事調停ま
たは家事審判等で決められた場合には，これらの文書（債務名義）を用いて，
強制執行の手続を利用することができる（民執22）。債務名義がない場合には，
公正証書を作成するか，家庭裁判所に家事調停等の申立てをすること等が必要
である。

③　親子

3.1　実子

　実子とは，親との間に生物学的な血のつながりがあると法律上認められる子
のことである。実子には，婚姻関係にある男女から出生した嫡出子と，婚姻関
係のない男女の間から生まれた婚外子（非嫡出子）とがある。嫡出子は，父母
の氏を称する（民790①）。婚外子（非嫡出子）は，母の氏を称する（民790②）。

　母子関係は分娩の事実によって発生する。代理懐胎の母子関係について，最
高裁判所は，「現行民法の解釈としては，出生した子を懐胎し出産した女性を
その子の母と解さざるを得ず，その子を懐胎，出産していない女性との間には，
その女性が卵子を提供した場合であっても，母子関係の成立を認めることはで
きない。」と判示した（最決平成19年3月23日民集61巻2号619頁）。

　父子関係について，妻が婚姻中に懐胎した子は，当該婚姻における夫の子と
推定される（民772①）。また，妻が婚姻前に懐胎した子であっても，婚姻が成
立した後に生まれた場合も，当該婚姻における夫の子と推定される（民772①）。
婚姻の解消等の日から300日以内に子が生まれた場合であっても，母が前夫以
外の男性と再婚した後に生まれた子は，再婚後の夫の子と推定される（民772
②）。夫は，子の出生を知った時から3年間，嫡出否認の訴えを提起すること
ができる（民777Ⅰ）。子または母は，子の出生の時から3年間，嫡出否認の訴
えを提起することができる（民777Ⅱ・Ⅲ）。前夫は，子の出生を知った時から
3年間，嫡出否認の訴えを提起することができる（民777Ⅳ）。

婚外子（非嫡出子）は，父が認知することによって親子関係が生ずる（任意認知。民779）。父が任意認知しないときは，子は認知の訴えを提起することができる（強制認知。民787）。

　認知の効力として，法律上の父子関係が生ずる。したがって，認知された子には，父の相続権が生ずる。婚外子と嫡出子との法定相続分は同じである（民900参照）。子は，家庭裁判所の許可を得て，父の氏を称することができる（民791①）。父母の協議で，父を親権者とすることができる（民819④）。

3.2　養子

（1）普通養子

　養子と養親になろうとする者が養子縁組の合意をして，戸籍の届出をすることによって成立する養子（民799）を，普通養子という。養子となる者が15歳未満のときは，法定代理人が代わって，縁組の承諾をすることができる（民797①）。未成年者を養子とするには，家庭裁判所の許可を得なければならない（民798）。ただし，自己または配偶者の直系卑属（孫や連れ子など）を養子とする場合は，家庭裁判所の許可は不要である（民798但）。配偶者のある者が未成年者を養子とするには，配偶者とともにしなければならない（民795）。

　養子は，縁組の日から，養親の嫡出子の身分を取得する（民809）。養子は，養親の氏を称する（民810）。養子と実親との間の実親子関係は，養子縁組によっては消滅しない。

　離縁の制度として，協議上の離縁（民811）と裁判上の離縁（民814）がある。民法第814条第1項に基づき離縁の訴えを提起する前に，家庭裁判所に調停を申し立てなければならない（調停前置主義。家事257①）。

（2）特別養子

　実方の血族との親族関係が終了する養子縁組を，特別養子縁組という。特別養子縁組は，実の父母による養子となる者の監護が著しく困難または不適当であることその他特別の事情がある場合において，子の利益のため特に必要があ

ると認めるときに，成立させることができる（民817の7）。特別養子縁組は，家庭裁判所の審判によって成立する（民817の2①，家事別表第1の63）。養親となる者は，配偶者のある者でなければならない（民817の3①）。養親となる者は，25歳以上でなければならない（民817の4）。養子となる者は，15歳未満でなければならない（民817の5①）。

表 21　普通養子縁組と特別養子縁組

	普通養子縁組	特別養子縁組
縁組の成立	養親と養子の同意により成立。	養親の請求により家庭裁判所が決定。養子となる者の実父母の同意が必要。
養親の年齢	20歳以上。	養親は夫婦であることが必要であり，原則25歳以上。ただし，夫婦の一方が25歳以上であれば，もう一方は20歳以上で良い。
養子の年齢	養親より年下であること。	原則として15歳未満。
監護期間	なし。	6か月以上の監護期間を考慮して縁組。
実父母との親族関係	実父母との親族関係は終了しない。	実父母との親族関係は終了する。
離　縁	原則，当事者の協議で離縁。	養子の利益のため特に必要があると認めるときに限り，離縁可。
戸籍の表記	実親の名前が記載され，「養子（養女）」と記載。	実親の名前は記載されず，「長男」，「長女」のように実子と同様の記載。

3.3　親権

　未成年の子は，父母の親権に服する（民818①）。父母の婚姻中は，父母は共同して親権を行う（民818③）。父母が離婚した場合，いずれか一方が親権者となる（民819①・②）。婚外子（非嫡出子）の親権者は，原則としてその母である。親権者は，子の利益のために子の監護および教育をする権利を有し，義務を負う（身上監護権・身上監護義務。民820）。また，親権者は，子の財産を管理し，かつ，その財産に関する法律行為についてその子を代表する（財産管理権・法定代理権。民824）。

3.4 後見

　未成年者に対して親権を行使する者がいないときは，後見が開始する（民838 I）。未成年者に対して最後に親権を行う者は，遺言で，未成年後見人を指定することができる（民839①）。未成年後見人となるべき者がいないときは，未成年被後見人，その親族，その他の利害関係人の請求によって，家庭裁判所が未成年後見人を指定する（民840①）。

3.5 扶養

　直系血族および兄弟姉妹は，互いに扶養する義務がある（民877①）。家庭裁判所は，特別な事情があるときは，三親等内の親族間においても扶養義務を負わせることができる（民877②）。扶養義務者や扶養権利者が数人ある場合において，扶養の順序，扶養の程度・方法について，当事者間の協議が調わないときは，家庭裁判所が定める（民878・879）。

④ 相続

4.1 相続の開始

　相続は，死亡によって開始する（民882）。死亡した人を被相続人という。

4.2 相続人

　被相続人の財産上の地位を包括的に承継する者を，相続人という。被相続人の配偶者は，常に相続人となる（配偶者相続人。民890）。血族相続人については，まず，子が相続人となる（民887①）。次に，子がいないときは，直系尊属が相続人となる（民889① I）。子も直系尊属もいないときは，兄弟姉妹が相続人となる（民889① II）。子と兄弟姉妹に関しては，相続開始前に死亡したときは，その者の子が代襲して相続人となる（代襲相続。民887②・889②）。

4.3　相続分

（1）法定相続分

　相続人が複数いる場合，被相続人は，遺言で，共同相続人の相続分を定める
ことができる（指定相続分。民902）。被相続人の指定がない場合は，民法の規定
にしたがう（法定相続分。民900）。法定相続分は，①子および配偶者が相続人で
あるときは，子2分の1，配偶者2分の1であり，②配偶者および直系尊属が
相続人であるときは，配偶者3分の2，直系尊属3分の1であり，③配偶者お
よび兄弟姉妹であるときは，配偶者4分の3，兄弟姉妹4分の1である（民
900）。法定相続分の具体例は，以下の通りである。

　イ　被相続人Xに，配偶者Aと，Aとの間に嫡出子甲および乙がいて，相続
財産が6,000万円である場合，Aの相続額は3,000万円，甲の相続額は1,500万
円，乙の相続額は1,500万円である。

　ロ　被相続人Xに，配偶者Aと，両親BおよびCがいて，Aとの間には子が
いなくて，相続財産が6,000万円である場合，Aの相続額は4,000万円，Bの相
続額は1,000万円，Cの相続額は1,000万円である。

　ハ　被相続人Xに，配偶者Aと，Aとの間に嫡出子甲および乙がいて，非配
偶者Bとの間に婚外子丙がいて，相続財産が6,000万円である場合，Aの相続
額は3,000万円，甲の相続額は1,000万円，乙の相続額は1,000万円，丙の相続
額は1,000万円である。

　ニ　被相続人Xに，配偶者Aと，兄Dがいて，Aとの間には子がいなくて，
相続財産が6,000万円である場合，Aの相続額は4,500万円，Dの相続額は
1,500万円である。

（2）寄与分

　共同相続人中のある者が，被相続人の事業に関する労務の提供，被相続人の
事業に関する財産上の給付，被相続人の療養看護などにより，被相続人の財産
の維持または増加について特別の寄与をした場合，その者の相続分算定にあ
たって寄与に応じた増加を認める制度を，寄与分という（民904の2①）。寄与

分は，共同相続人の協議で決定される（民904の2①）。協議が調わないときは，家庭裁判所は，寄与の時期，方法および程度，相続財産の額その他一切の事情を考慮して，寄与分を定める（民904の2②）。

　寄与分の制度は，相続人にのみに認められる。これに対して，被相続人に対し無償で療養看護その他の労務を提供したことにより特別の寄与をした被相続人の親族（特別寄与者）は，相続の開始後，相続人に対し，特別寄与料の支払いを請求することができる（民1050①）。特別寄与料の支払いについて，当事者間に協議が調わないときは，家庭裁判所は，寄与の時期，方法および程度，相続財産の額その他一切の事情を考慮して，特別寄与料の額を定める（民1050②③）。

4.4　相続の放棄と承認

　相続財産は，被相続人の一身に専属したものを除き，被相続人の財産に属した一切の権利義務である（民896）。したがって，被相続人の消極財産が積極財産を上回り，被相続人が債務超過に陥っている場合に，相続人が全面的に相続財産を承継すると，相続人は被相続人の債務を返済しなければならなくなる。そこで，相続人は，自己のために相続の開始があったことを知った時から，原則として3か月以内に限り，相続について，単純承認，限定承認または相続放棄を選択することができる（民915①）。なお，相続人が，3か月以内に限定承認または相続の放棄をしなかったときは，単純承認したものとみなされる（民921Ⅱ）。

　単純承認の場合，相続人は無限に被相続人の権利義務を承継する（民920）。

　限定承認の場合，相続人は相続によって得た財産の限度においてのみ被相続人の債務および遺贈の義務を負担する（民922）。被相続人の債務がどの程度あるか不明であるので，財産が残る可能性がある場合に限り，相続したいと考えるときに，限定承認は利用される。相続人は，限定承認をしようとするときは，相続の開始があったことを知った時から3か月以内に，相続財産の目録を作成して家庭裁判所に提出し，相続人全員で限定承認する旨を申述しなければならない（民923・924）。

　相続放棄をした者は，その相続に関しては，初めから相続人とならなかった
ものとみなされる（民939）。相続放棄をすると，相続人は被相続人の権利義務
を一切承継しない。

4.5　遺産分割

　相続人が数人あるときは，相続財産は，その共有に属する（民899）。その持
分は，各自の相続分である。共同相続人は，原則として，いつでも，その協議
で遺産を分割することができる（協議分割。民907①）。遺産分割の協議が調わな
いときは，各共同相続人は，家庭裁判所に遺産の分割を請求することができる
（審判分割。民907②）。被相続人は，遺言で，遺産の分割の方法を定めることが
できる（指定分割。民908）。

　遺産の分割は，相続開始の時にさかのぼってその効力を生ずる（民909）。

4.6　遺言

（1）遺言の意義

　遺言は，遺言者の死後の法律関係を定める最終意思の表示であり，遺言者の
死亡の時からその効力を生ずる（民985①）。15歳に達した者は，遺言をするこ
とができる（遺言能力。民961）。制限行為能力者制度は，遺言には適用されない
（民962）。成年被後見人も，事理を弁識する能力が一時回復した時において，
医師 2 人以上の立会いがあれば，遺言をすることができる（民973①）。

（2）遺言の方式

　遺言には，普通の方式と特別の方式（民967以下）がある。普通の方式の遺言
には，自筆証書遺言，公正証書遺言，および秘密証書遺言の 3 つがある。

　遺言では，遺贈（民964），相続分の指定（民902），遺産の分割の方法の指定
（民908），遺言執行者の指定（民1006）などをすることが認められている。

①自筆証書遺言

　自筆証書遺言とは，遺言者が，その全文，日付および氏名を自書し，これに印を押す方式の遺言である（民968①）。なお，自筆証書に相続財産の目録を添付する場合には，自書することを要しない（民968②）。法務局における遺言書の保管等に関する法律により，自筆証書遺言書を作成した本人が法務局に遺言書の保管を申請することができる。この制度により，自筆証書遺言書の紛失・亡失を防ぐことができる。自筆証書遺言書は，家庭裁判所による検認が必要である（民1004①）が，自筆証書遺言書保管制度により法務局に保管されている遺言書は，家庭裁判所による検認は不要である（遺言保管11）。

②公正証書遺言

　公正証書遺言とは，遺言者が遺言の趣旨を公証人に口授し，公証人がこれを筆記して，公正証書の方式で作成する遺言である（民969）。原本は公証役場に保管される（公証則27①Ⅰ）。公正証書遺言は，公証人が関与して作成するから，家庭裁判所の検認は不要である（民1004②）。

③秘密証書遺言

　秘密証書遺言は，遺言者が，証書に署名押印をした上で，これを封じ，証書に用いた印章で封印した上，公証人および証人２人以上の前に封書を提出し，自己の遺言書である旨ならびにその筆者の氏名および住所を申述し，公証人が，その証書を提出した日付および遺言者の申述を封紙に記載した後，遺言者および証人とともにこれに署名押印することにより作成される（民970①）。秘密証書遺言書は，家庭裁判所による検認が必要である（民1004①）。

4.7　配偶者の居住の権利を保護するための方策

（１）配偶者居住権

　相続人である配偶者は，被相続人の死亡後も住み慣れた居住環境での生活を継続したいという希望を有している場合も多い。そこで，配偶者に，無償で居

住建物の使用および収益をすることができる権利（配偶者居住権）を認めている。

　配偶者居住権の成立要件は，①被相続人の配偶者が，相続開始の時に被相続人所有の建物に居住していたこと，②その建物について配偶者に配偶者居住権を取得させる旨の遺産分割，遺贈または死因贈与がされたことである（民1028①）。

　遺産分割の請求を受けた家庭裁判所は，①共同相続人間に配偶者が配偶者居住権を取得することについて合意が成立している場合，または，②配偶者が配偶者居住権の取得を希望し，かつ，居住建物の所有者の受ける不利益を考慮してもなお配偶者の生活を維持するために特に必要があると認める場合に限り，配偶者に配偶者居住権を取得させる旨の審判をすることができる（民1029）。配偶者居住権の存続期間は，原則として，配偶者の終身の間となる（民1030）。配偶者居住権は，譲渡することができない（民1032②）。

　配偶者が遺産分割により配偶者居住権を取得する場合には，配偶者の具体的相続分からこれを取得することになる。

（2）配偶者短期居住権

　相続人である配偶者が，被相続人所有の建物に居住していた場合に，被相続人の死亡により，配偶者が直ちに住み慣れた居住建物を退去しなければならないとすると，精神的にも肉体的に大きな負担となる。そこで，被相続人の意思にかかわらず，配偶者に，従前居住していた建物に被相続人の死亡後も引き続き一定期間無償で居住することができる権利（配偶者短期居住権）を認めている。

　配偶者短期居住権の成立要件は，配偶者が被相続人の財産に属した建物に相続開始の時に無償で居住していたことである（民1037①）。

　配偶者短期居住権の存続期間は，①居住建物について配偶者を含む共同相続人間で遺産分割をすべき場合には，遺産分割により居住建物の帰属が確定した日または相続開始の時から6か月を経過する日のいずれか遅い日まで存続し（民1037①Ⅰ），②それ以外の場合には，居住建物取得者による配偶者短期居住

権の消滅の申入れの日から6か月を経過する日まで存続する（民1037①Ⅱ）。

　配偶者短期居住権は，遺産分割において，配偶者の具体的相続分からその価値相当額を控除する必要はない。

4.8　遺留分

　遺留分とは，一定の相続人について，被相続人の財産から法律上取得することが保障されている最低限の相続分のことであり，被相続人の生前の贈与または遺贈によっても奪われることはない。遺留分権利者は，受遺者または受贈者に対し，遺留分侵害額に相当する金銭の支払を請求することができる（民1046①）。遺留分権利者となりうるのは，兄弟姉妹以外の相続人，すなわち，配偶者，子，直系尊属のみである（民1042①）。

　遺留分権利者全体の割合（総体的遺留分）は，直系尊属のみが相続人である場合，遺留分を算定するための財産の価額の3分の1である（民1042①Ⅰ）。それ以外の場合は，遺留分を算定するための財産の価額の2分の1である（民1042①Ⅱ）。遺留分権利者が数人ある場合における個々の遺留分権利者の割合は，総体的遺留分に法定相続分を乗じた割合である（民1042②）。たとえば，遺留分を算定するための財産の価額が6,000万円であり，配偶者Aと，子甲および乙がいた場合，総体的遺留分は3,000万円である。Aの個別的遺留分は1,500万円であり，甲の個別的遺留分は750万円，乙の個別的遺留分は750万円である。

表22　法定相続分と遺留分

死亡時の存命者	相続分	遺留分
配偶者のみ	すべて配偶者	配偶者：1/2
配偶者，子，親，兄弟姉妹	配偶者：1/2，子：1/2	配偶者：1/4，子：1/4
配偶者，親，兄弟姉妹	配偶者：2/3，親：1/3	配偶者：1/3，親：1/6
配偶者，兄弟姉妹	配偶者：3/4，兄弟姉妹：1/4	配偶者：1/2，兄弟姉妹：0

付録　日本近現代法年表

西暦	和暦	事　　　項
1867	慶応3	10大政奉還　12王政復古の大号令
1868	明治1	戊辰戦争始まる（～69）　3五箇条の誓文
1869	2	3東京遷都　6版籍奉還
1871	4	7廃藩置県
1872	5	8学制公布
1873	6	1徴兵令　7地租改正条例
1874	7	1民撰議院設立の建白
1875	8	4立憲政体樹立の詔　元老院・大審院設置
1877	10	2～9西南戦争
1878	11	7地方三新法（郡区町村編制法・府県会規則・地方税規則）制定
1880	13	3国会期成同盟結成　4集会条例布告　7刑法・治罪法公布
1881	14	10国会開設の勅諭
1884	17	7華族令公布
1885	18	12内閣制度創設
1887	20	12保安条例公布
1888	21	4市制・町村制公布　枢密院設置
1889	22	2大日本帝国憲法発布　皇室典範公布　衆議院議員選挙法公布
1890	23	4・10民法公布（施行延期）　4民事訴訟法・商法公布（商法施行延期）　5府県制・郡制公布　10刑事訴訟法公布　11第1回帝国議会開会
1894	27	7日英通商航海条約調印　8日清戦争始まる（～95.3）
1895	28	4下関条約調印
1896	29	4民法（前3編）公布
1898	31	6民法（後2編）公布
1900	33	3治安警察法公布

1902	35	1 第 1 次日英同盟成立
1904	37	2 日露戦争始まる（〜05.9）
1905	38	9 ポーツマス条約調印
1907	40	4 刑法公布
1911	44	3 工場法公布
1916	大正 5	9 工場法施行
1925	14	4 治安維持法公布　　5 普通選挙法公布
1928	昭和 3	6 治安維持法改正
1931	6	9 満州事変
1933	8	3 国際連盟脱退通告
1937	12	7 盧溝橋事件
1938	13	4 国家総動員法公布
1940	15	9 日独伊三国同盟成立　　10 大政翼賛会発足
1941	16	12 太平洋戦争始まる（〜45）
1945	20	8 ポツダム宣言受諾　　9 降伏文書調印　　12 新選挙法・労働組合法公布
1946	21	2 公職追放令　　5 極東国際軍事裁判開始　　9 労働関係調整法公布　　11 日本国憲法公布
1947	22	4 労働基準法・独占禁止法・地方自治法公布　　5 日本国憲法施行　　第 1 回国会開会
1948	23	11 極東国際軍事裁判判決
1950	25	8 警察予備隊設置
1951	26	9 サンフランシスコ平和条約・日米安保条約調印
1956	31	12 国連加盟
1959	34	4 最低賃金法公布
1960	35	1 日米新安保条約調印
1961	36	6 農業基本法公布
1967	42	8 公害対策基本法公布
1968	43	5 消費者保護基本法公布　　6 大気汚染防止法公布
1970	45	12 公害関係14法公布

1971	46	6 沖縄返還協定調印　7 環境庁発足
1972	47	5 沖縄返還実現　9 日中共同声明
1974	49	12雇用保険法公布
1976	51	6 訪問販売法公布
1978	53	8 日中平和友好条約調印
1985	60	6 男女雇用機会均等法公布　7 労働者派遣法公布
1988	63	12消費税法公布
1992	平成 4	6 国連平和維持活動（PKO）協力法公布
1993	5	6 パートタイム労働法公布　11環境基本法公布（公害対策基本法廃止）
1994	6	4 子ども（児童）の権利条約批准　7 製造物責任法（PL 法）公布
1995	7	5 地方分権推進法公布
1997	9	6 環境影響評価（環境アセスメント）法公布　12介護保険法公布
1999	11	5 情報公開法・日米防衛協力指針（ガイドライン）関連法公布　6 男女共同参画社会基本法公布　7 地方分権一括法公布　8 国旗国家法・通信傍受法公布
2000	12	5 消費者契約法・金融商品販売法公布　6 循環型社会形成推進基本法公布　11特定商取引法公布（旧訪問販売法改称）
2001	10	10テロ対策特別措置法公布
2003	15	5 個人情報保護法公布　6 有事法制関連 3 法公布　8 イラク復興支援特別措置法公布
2004	16	5 裁判員法公布　6 消費者基本法・年金改革関連法・有事法制関連七法公布　12裁判外紛争解決手続の利用の促進に関する法律公布
2005	17	7 会社法公布
2006	18	6 金融商品取引法公布（旧証券取引法改称）　12改正教育基本法公布
2007	19	5 国民投票法公布　12労働契約法公布
2009	21	5 裁判員制度開始　労働審判法公布　7 水俣病被害者救済法公布
2011	23	3 東日本大震災
2013	25	5 個人番号（マイナンバー）法公布　12特定秘密保護法公布

2015	27	9 安全保障関連法公布
2017	29	5 改正民法（債権関係の規定改正）公布　6 天皇の退位等に関する皇室典範特例法・改正組織犯罪処罰法（テロ等準備罪新設）公布
2018	30	6 改正民法（成年年齢引下げ）公布　7 働き方改革関連法・改正民法等（相続法改正）公布　12改正入管法公布
2019	令和1	5 改元　6 改正民法等（特別養子制度の改正）公布　11ハンセン病元患者家族補償法公布
2020	令和2	3 新型インフルエンザ等対策特別措置法の一部を改正する法律公布　12予防接種法及び検疫法の一部を改正する法律公布
2021	令和3	2 新型インフルエンザ等対策特別措置法等の一部を改正する法律公布　5 デジタル改革関連法公布　9 デジタル庁設置
2022	令和4	5 経済安全保障確保推進法・改正民事訴訟法（民事訴訟手続のIT化）公布　6 こども施策関連法公布
2023	令和5	4 こども家庭庁設置　9 内閣感染症危機管理統括庁設置

（注）　1872（明治5）年までは，太陰太陽暦（旧暦）と西暦の間に1か月前後の違いがあるが，年月はすべて太陰太陽暦を基準にし，西暦には置きかえなかった。改元のあった年は，その年の初めから新しい年号とした。

参考文献

高等学校　検定済教科書

［公共］

間宮陽介ほか『公共』（東京書籍，2023年）

中村達也ほか『詳述公共』（実教出版，2023年）

桐山孝信ほか『公共』（実教出版，2023年）

中野勝郎ほか『高等学校　公共』（清水書院，2023年）

大芝亮ほか『私たちの公共』（清水書院，2023年）

刈部直ほか『高等学校　公共』（帝国書院，2023年）

矢野智司ほか『新版　公共』（数研出版，2023年）

矢野智司ほか『高等学校　公共　これからの公共について考える』（数研出版，2023年）

谷田部玲生ほか『高等学校　公共』（第一学習社，2023年）

谷田部玲生ほか『高等学校　新公共』（第一学習社，2023年）

青井未帆ほか『公共』（東京法令出版，2023年）

［政治・経済］

杉田敦ほか『政治・経済』（東京書籍，2023年）

諸富徹ほか『詳述政治・経済』（実教出版，2023年）

中村達也ほか『最新政治・経済』（実教出版，2023年）

中野勝郎ほか『高等学校　政治・経済』（清水書院，2023年）

岩田一政ほか『政治・経済』（数研出版，2023年）

谷田部玲生『高等学校　政治・経済』（第一学習社，2023年）

［倫理］

竹内整一ほか『倫理』（東京書籍，2023年）

菅野覚明ほか『高等学校　新倫理』（清水書院，2023年）

佐藤正英ほか『倫理』（数研出版，2023年）

［歴史総合］

川島真ほか『新選歴史総合』（東京書籍，2022年）

川島真ほか『詳解歴史総合』（東京書籍，2022年）

原田智仁ほか『私たちの歴史総合』（清水書院，2023年）

川手圭一ほか『明解　歴史総合』（帝国書院，2023年）

岸本美緒ほか『歴史総合　近代から現代へ』（山川出版社，2022年）

久保文明ほか『現代の歴史総合　みる・読みとく・考える』（山川出版社，2022年）

市川大祐ほか『わたしたちの歴史　日本から世界へ』（山川出版社，2022年）

池田明史ほか『高等学校　歴史総合』（第一学習社，2022年）

池田明史ほか『高等学校　新歴史総合　過去との対話，つなぐ未来』（第一学習社，2022年）

伊藤隆ほか『私たちの歴史総合』（明成社，2023年）

［日本史探究］

山本博文ほか『日本史探究』（東京書籍，2023年）

伊藤純郎ほか『高等学校　日本史探究』（清水書院，2023年）

佐藤信ほか『詳説日本史』（山川出版社，2023年）

佐藤信ほか『高校日本史』（山川出版社，2023年）

大橋幸泰ほか『高等学校　日本史探究』（第一学習社，2023年）

［世界史探究］

福井憲彦ほか『世界史探究』（東京書籍，2023年）

桃木至朗ほか『新詳世界史探究』（帝国書院，2023年）

木村靖二ほか『詳説世界史』（山川出版社，2023年）

木村靖二ほか『高校世界史』（山川出版社，2023年）

［保健体育］

衞藤隆ほか『現代高等保健体育』（大修館書店，2023年）

渡邉正樹ほか『新高等保健体育』（大修館書店，2023年）

［家庭基礎］

横山哲夫ほか『Agenda 家庭基礎』（実教出版，2023年）

［家庭総合］

堀内かおるほか『家庭総合』（実教出版，2023年）

鈴木真由子ほか『Creative Living 「家庭総合」で生活をつくろう』（大修館書店，2023
　　年）

［家庭（専門）］

文部科学省『消費生活』（実教出版，2023年）

［情報（専門）］

國廣昇ほか『情報セキュリティ』（実教出版，2023年）

［商業］

森嶌昭夫ほか『経済活動と法　新訂版』（実教出版，2023年）

長瀬二三男ほか『経済活動と法　新訂版』（東京法令出版，2023年）

専門書等

神田秀樹『会社法入門　第3版』（岩波新書，2023年）

神田秀樹『会社法　第25版』（弘文堂，2023年）

潮見佳男『民法（全）　第3版』（有斐閣，2022年）

高橋和之ほか『法律学小辞典　第5版』（有斐閣，2016年）

道垣内弘人『リーガルベイシス民法入門　第4版』（日本経済新聞出版，2022年）

法制執務・法令用語研究会『条文の読み方　第2版』（有斐閣，2021年）

経済産業省知的財産政策室『不正競争防止法2022』（https://www.meti.go.jp/policy/eco
　　nomy/chizai/chiteki/pdf/unfaircompetition_textbook.pdf（最終閲覧日：2023年12
　　月11日））

厚生労働省『知って役立つ労働法——働くときに必要な基礎知識（令和5年4月更新
　　版）』（https://www.mhlw.go.jp/content/001082828.pdf（最終閲覧日：2023年12月
　　11日））

厚生労働省都道府県労働局雇用環境・均等部（室）『男女雇用機会均等法のあらまし
　　（令和4年10月作成）』（https://www.mhlw.go.jp/content/11900000/000839060.pdf
　　（最終閲覧日：2023年12月11日））

厚生労働省都道府県労働局雇用環境・均等部（室）『育児・介護休業法のあらまし（令
　　和4年11月作成）』（https://www.mhlw.go.jp/content/11909000/000355354.pdf（最

終閲覧日：2023年12月11日））

厚生労働省『年金制度のポイント　くらしの中に，年金がある安心。2022年度版』（https://www.mhlw.go.jp/content/000341071.pdf（最終閲覧日：2023年12月11日））

最高裁判所『ご存じですか？労働審判制度』（https://www.courts.go.jp/vc-files/courts/2022/roudou/roudoushinpan.pdf（最終閲覧日：2023年12月11日））

消費者庁『特定商取引に関する法律・解説（令和5年6月1日時点版）』（https://www.no-trouble.caa.go.jp/law/r4.html（最終閲覧日：2023年12月11日））

消費者庁『知っていますか？消費者契約法――早分かり！消費者契約法（令和5年3月）』（https://www.caa.go.jp/policies/policy/consumer_system/consumer_contract_act/public_relations/assets/consumer_system_cms101_231107_01.pdf（最終閲覧日：2023年12月11日））

消費者庁『守ります。あなたの財産 消費者団体訴訟制度（令和4年2月）』（https://www.caa.go.jp/policies/policy/consumer_system/collective_litigation_system/about_system/public_relations/assets/consumer_system_cms204_220309_01.pdf（最終閲覧日：2023年12月11日））

特許庁『知的財産権制度入門2022年度』（https://www.jpo.go.jp/news/shinchaku/event/seminer/text/document/2022_nyumon/all.pdf（最終閲覧日：2023年12月11日））

内閣府『令和5年版高齢社会白書』（https://www8.cao.go.jp/kourei/whitepaper/w-2023/zenbun/05pdf_index.html（最終閲覧日：2023年12月11日））

農林水産省輸出・国際局『地理的表示（GI）保護制度について（令和5年11月版）』（https://www.maff.go.jp/j/shokusan/gi_act/outline/attach/pdf/index-46.pdf（最終閲覧日：2023年12月11日））

法務省『こどもの養育に関する合意書作成の手引きとQ&A（2023年版）』（https://www.moj.go.jp/content/001399926.pdf（最終閲覧日：2023年12月11日））

索　引

210

《著者紹介》

宮川　基（みやがわ・もとい）

1972年　神奈川県に生まれる。

1995年　東北大学法学部卒業。

現　在　東北学院大学法学部教授。

著　作　「特殊詐欺と非行助長行為の禁止」東北学院法学82号（2022年），「入れ墨を
めぐる刑事規制の歴史」小山剛・新井誠編『イレズミと法——大阪タ
トゥー裁判から考える』（尚学社，2020年），「JK ビジネス規制条例の紹介」
小山剛・新井誠・横大道聡編『日常のなかの〈自由と安全〉——生活安全
をめぐる法・政策・実務』（弘文堂，2020年），「買春不処罰の立法史」陶久
利彦編『性風俗と法秩序』（尚学社，2017年），「財産犯と立法」川端博・浅
田和茂・山口厚・井田良編『理論刑法学の探究 8』（成文堂，2015年）ほか。

高校の教科書で学ぶ　法学入門 ［第 2 版］

2021年10月30日	初　版第1刷発行	〈検印省略〉
2023年 1 月31日	初　版第2刷発行	
2024年 3 月 1 日	第 2 版第1刷発行	

定価はカバーに
表示しています

著　　者　　宮　川　　　　基

発 行 者　　杉　田　啓　三

印 刷 者　　坂　本　喜　杏

発行所　株式会社　ミネルヴァ書房

607-8494　京都市山科区日ノ岡堤谷町 1
電話代表　(075)581-5191
振替口座　01020-0-8076

© 宮川基，2024　　冨山房インターナショナル・吉田三誠堂製本

ISBN 978-4-623-09663-3

Printed in Japan

概説　西洋法制史	よくわかる法哲学・法思想［第2版］	法学部生のための選択科目ガイドブック	「法のカタチ」から考える　法学の基礎
勝田有恒 森　征一 山内　進 編著	深田三徳 濱　真一郎 編著	君塚正臣 編著	西田真之 著
A5判三二○頁 本体三八○○円	B5判二三二頁 本体二六○○円	A5判二六六頁 本体二八○○円	A5判二五八頁 本体三二○○円

──── ミネルヴァ書房 ────

https://www.minervashobo.co.jp/